Liebe auf den "ersten Klick"

Partnerfindung im Internet am Beispiel der
Singlebörsen www.ilove.de und www.neu.de

von

Sibylle Hofele

Tectum Verlag
Marburg 2005

Hofele, Sibylle:
Liebe auf den „ersten Klick".
Partnerfindung im Internet am Beispiel der
Singlebörsen www.ilove.de und www.neu.de.
/ von Sibylle Hofele
- Marburg : Tectum Verlag, 2005
ISBN 978-3-8288-8937-8

© Tectum Verlag

Coverfotos: www.photocase.com
www.pixelquelle.de

Tectum Verlag
Marburg 2005

Danke!

Meinen herzlichen Dank an alle, die so bereitwillig den Fragebogen ausgefüllt haben!

Inhaltsverzeichnis

Inhaltsverzeichnis IV

Abbildungsverzeichnis VI

Abkürzungsverzeichnis VII

1. Einleitung 1
2. Möglichkeiten der Online-Kontaktanbahnung 6
2.1 Chat (IRC – Internet Relay Chat) 8
2.2 Messenger 11
2.3 E-Mail 15
2.4 Internetsprache - Gefühle im Netz 16
2.5 Foren 18
2.6 Online-Singlebörsen 19
    2.6.1 Die Singlebörse www.ilove.de 21
    2.6.2 Die Online-Singlebörse www.neu.de 32
    2.6.3 Abschließende Gegenüberstellung der beiden Singleportale 42

3. Kritische und medienpädagogische Sichtweisen der Online-Kommunikation 44

3.1 Medienkompetenz als Grundvoraussetzung 44
3.2 Realitätsflucht durch Übernahme falscher Identitäten im Internet? 48
3.3 Internetsucht 54
3.4 Realitätsnähe des Online-Kennenlernens über Single-Portale? 56

4. Empirische Untersuchung 58

Inhaltsverzeichnis

4.1 Soziodemographische Einflussfaktoren 59

4.2 Internetnutzung 60

    4.2.1 Einbettung des Mediums Internet im Alltag der Nutzer ... 60

    4.2.2 Vergleich online und offline verbrachter Freizeit 65

    4.2.3 Für was wird das Internet genutzt? 66

4.3 Spezifisches Nutzungsverhalten in den Online-Singlebörsen .. 67

    4.3.1 Gründe für die Anmeldung 69

    4.3.2 In welcher Form waren die Nutzer aktiv? 72

    4.3.3 Online-Singlebörsen vs. Chat, Foren und Messenger 74

4.4 Kennenlernen online vs. Offline 77

    4.4.1 Kontaktherstellung 78

    4.4.2 Online Hemmschwellen überwinden 79

    4.4.3 Die Leichtigkeit online Absagen zu erteilen 80

    4.4.4 Interessenabgleich vorab online 81

    4.4.5 Enttäuschungen bei einem realen Treffen? 83

    4.4.6 Kennenlernen online einfacher? 84

4.5 Übertragung der Online-Freundschaften ins reale soziale Leben 88

4.6 Medienkompetenz als Grundvoraussetzung 94

5. Ausblick 96

6. Literatur- und Internetquellenverzeichnis 101

7. Anhang i

Abbildungsverzeichnis

Abb. 1 – Telegramm über AIM 12
Abb. 2 – skype messenger 14
Abb. 3 – Emoticons 1 16
Abb. 4 – Emoticons 2 17
Abb. 5 – iLove Startseite 21
Abb. 6 – Mein iLove 25
Abb. 7 – iLove persönliches Profil 26
Abb. 8 – iLove Suchergebnis-Liste 28
Abb. 9 – iLove World 30
Abb. 10 – NEU.DE Logo 32
Abb. 11 – NEU.DE Startseite 33
Abb. 12 – NEU.DE persönlicher Bereich 35
Abb. 13 – NEU.DE Visitenkarte 37
Abb. 14 – NEU.DE Partnersuche 38
Abb. 15 – NEU.DE Online-Hilfe 40

Abkürzungsverzeichnis

Abb.	–	Abbildung
AGB	–	allgemeine Geschäftsbedingung
AIM	–	AOL instant messenger
ARPANET	–	advanced research projects agency (-NET)
bzw.	–	beziehungsweise
CMGC	–	computer mediated group communication
d.h.	–	das heißt
DSL	–	digital subscriber line
etc.	–	et cetera
IAD	–	internet addiction disorder
IAS	–	Internet-Abhängigkeitssyndrom
ICQ	–	I seek you
iLover	–	Nutzer des Singleportals www.ilove.de
IP	–	internet protocol
IRC	–	internet relay chat
Mio.	–	Millionen
MSN	–	Microsoft Network
MTA	–	message transfer protocol
o.g.	–	oben genannten
PLZ	–	Postleitzahl
SMTP	–	simple mail transfer protocol
sog.	–	sogenannt
TCP	–	transmission control protocol
u.a.	–	unter anderem
usw.	–	und so weiter
vgl.	–	vergleiche
via	–	über
VoIP	–	voice over IP
vs.	–	versus
z.B.	–	zum Beispiel

1. Einleitung

Wir leben heute in einer Zeit, in der das Medium Internet in viele unserer Lebensbereiche Einzug gehalten hat. Unser täglich reales Leben ist mittlerweile so stark durchdrungen worden, dass beispielsweise Online-Einkäufe oder ähnliche Online-Aktivitäten zur selten hinterfragten Gewohnheit geworden sind. Gerade hier stellt sich die Frage, inwieweit mediale Netzwerke nun auch gezielt dazu genutzt werden, nicht nur tägliche Notwendigkeiten zu erledigen, sondern Freundschaften, Bekanntschaften oder sogar partnerschaftliche Beziehungen online zu knüpfen und wie weit diese medialen sozialen Netzwerke letztendlich Teil des realen sozialen Lebens werden können.

In diesem Zusammenhang ist es interessant zu betrachten, welche neuen Chancen und Möglichkeiten sich durch das Medium Internet ergeben. Bei der Online-Kontaktaufnahme sind die an der Kommunikation beteiligten Personen vorerst unbekannt. Es werden auf dieser Ebene jedoch Meinungen, Ansichten und persönliche Lebenseinstellungen kommuniziert, die bei einem Kennenlernen im realen Leben auf diese Weise oft nicht derart im Vordergrund stehen. So lernen sich Menschen im realen Leben auf partnerschaftlicher Ebene meist aufgrund primärer äußerlicher Merkmale kennen, durch die sie sich eventuell angezogen fühlen. Bei einem Online-Gespräch kann dies genau umgekehrt verlaufen, so werden beispielsweise zuerst Gemeinsamkeiten und spezielle Grundansichten diskutiert, bevor es zu einem visuellen Kennenlernen kommt. Auch Rheingold (2000) sieht im Internet für ein Kennenlernen eine komplett andere Herangehensweise:

„in traditional kinds of communities, we are accustomed to meeting people, then getting to know them; in virtual communities you can get to know people and then choose to meet them (…) In a virtual community we can go directly to the place where our favorite subjects are being discussed, then get acquainted with people who share our passions or who use words in a way we find attractive" (Rheingold, 2000, S. 11).

Jedoch spielen gerade bei dem später diskutierten Genre Online-Singlebörsen auch im Medium Internet visuelle Eindrücke eine wichtige Rolle, da dort in Form von Fotos das jeweilige Gegenüber von vornherein betrachtet werden kann.

1. Einleitung

Online-Gespräche können persönlicher, direkter oder auch privater wirken, da das Gegenüber nicht direkt vorhanden ist und somit auch eine gewisse Hemmschwelle sinkt. Fremden Personen werden hier oft mehr private Ansichten oder Probleme übermittelt, als dies im realen Leben bei einem ersten persönlichen Kennenlernen geschehen würde. Nach Döring (2000) sieht Gwinell (1998) eine beschleunigte Selbstoffenbarung und die hohe Kontaktfrequenz dafür verantwortlich, dass bei Cyberromanzen das Gegenüber schnell zur engsten Vertrauensperson werde.

Zudem besteht die Möglichkeit, sich im Internet durch Online-Kommunikation erst einmal über eine gewisse Zeitspanne in verschiedener Hinsicht kennenzulernen, bevor es zu einem ersten Treffen in der realen Welt kommt. Jedoch können auch gerade hier letztendlich Enttäuschungen entstehen, da das gewünschte Bild, das im Laufe der Zeit vom Kommunikationspartner aufgebaut wurde, eventuell doch nicht der Realität entspricht. So betont auch Ben-Ze'ev (2004), dass gerade im Internet Menschen eher dazu neigen, ihre Kommunikationspartner in einem schönen Licht zu sehen:

„the imaginary nature of cyberspace makes it easier to idealize the other and idealization is an essential element in romantic love" (Ben-Ze'ev, 2004, S. 19).

Ein Kennenlernen im realen Leben vereint nun doch visuelle, auditive, olfaktorische und eventuell taktile Reize zu einem großen Gesamtbild, welches in dieser Weise im Internet nicht so schnell gewonnen werden kann. So sieht auch Hegmann (2003), dass es schwer zu verhindern sei, dass ein Mensch in der Phantasie eines anderen eine Gestalt annehme, die nicht der Wirklichkeit entspreche. Allerdings ergibt sich über das Internet auch die Chance, einen Menschen erst einmal auf anderem Wege über die sog. „inneren Werte" kennenzulernen und so neue Ansichten und Gedankenebenen zu öffnen. Online-Kommunika-tion basiert nun grundlegend auf Sprache; so kann ein Kennenlernen online oft weitere Informationen über den Gesprächspartner liefern, als ein Kennenlernen im realen Leben.

„In offline affairs, two partners can have sex or go to a restaurant without talking too much to each other. In online affairs, every activity consists essentially of verbal communication" (Ben-Ze'ev, 2004, S, 8).

1. Einleitung

So erwähnt auch Döring (2000) ein intensiveres Kennenlernen über das Medium Internet:

„Wenn es die Beteiligten „erwischt" hat, mailen sie mindestens einmal täglich und chatten regelmäßig die halbe Nacht miteinander. Im Vergleich zur Anfangsphase einer herkömmlichen romantischen Beziehung, die durch gelegentliches gemeinsames Ausgehen gekennzeichnet ist, beinhalten Netzromanzen also typischerweise sehr viel mehr Engagement" (Döring, 2000, S. 57).

Der Annahme, dass sich Menschen durch Online-Kommunikation mehr öffnen und eher *sie selbst* sein können, steht jedoch auch gegenüber, dass sich gerade im Internet viele *schwarze Schafe* tummeln, die sich bei der Online-Kommunikation oft verstellen und eine imaginäre Rolle annehmen, der sie im realen Leben nicht Stand halten können. So kommt es vor, dass Personen im Medium Internet leider auch gezielt getäuscht werden. Dies stellt zwar eine Schattenseite der Online-Kommunikation dar, jedoch können Enttäuschungen sowie Täuschungen auch im realen Leben vorkommen.

„You can be fooled about people in cyberspace, behind the cloak of words. But that can be said about telephones or face-to-face communication as well" (Rheingold, 2000, S. 12).

Zudem gibt es jedoch im Gegenzug genügend positive Aspekte der Online-Kommunikation, die auch im Folgenden noch erläutert werden. Nun, welche Möglichkeiten gibt es, über das Medium Internet Menschen kennenzulernen und wie werden diese Möglichkeiten genutzt?

Mit dieser Arbeit sollen in einem ersten Teil grundlegende Wege aufgezeigt werden, die eine Online-Kommunikation überhaupt ermöglichen. Diese stellen die Voraussetzung für einen Aufbau eines weitreichenden sozialen medialen Netzwerkes dar, denn nur über gewisse mediale Portale ist es möglich, Online-Bekanntschaften zu schließen und weiterhin zu pflegen. Als erstes möchte ich in diesem Zusammenhang deswegen verschiedene mediale Möglichkeiten und Wege des Online-Kennenlernens aufzeigen. So kann beispielsweise über Chats, Instant-Messenger, E-Mail oder Foren die tägliche soziale Kommunikation auf medialer Ebene erweitert werden.

Speziell eingehen werde ich im Anschluss auf das Genre Internet-Singlebörse. Hierzu stelle ich die beiden Online-Singlebörsen

1. Einleitung

NEU.DE und iLove vor und werde die einzelnen Funktionsbereiche genauer erklären und die beiden Singlebörsen abschließend in Bezug auf Funktionsweise und Nutzung in Vergleich stellen.

Anschließend werde ich die Online-Kommunikation aus kritischer, medienpädagogischer Sichtweise erläutern, um beispielsweise auch der Frage nachzugehen, welche Voraussetzungen für die Online-Kontaktaufnahme aus medienpädagogischer Sicht geschaffen werden müssen. Welche Anforderungen müssen als Voraussetzung für ein erfolgreiches Aufbauen eines medialen sozialen Netzwerkes berücksichtigt werden? Es stellt sich beispielsweise in diesem Zusammenhang die Frage, inwieweit eine gewisse Medienkompetenz für die Online-Kommunikation vorhanden sein muss und wie diese auszusehen hat.

Ein weiterer interessanter Punkt ist die Übernahme der medialen Freundschaften in reale soziale Netzwerke. Hier möchte ich die Frage stellen, ob denn medial geknüpfte Freundschaften auch wirklich Platz im realen Leben des Internet-Nutzers gefunden haben. So „kann die Überzeugung vorherrschen, dass eine im Netz vertiefte Beziehung erst dann eine „richtige" Beziehung darstellt, wenn sie in der primären Realität fortgesetzt wird. Bei solch einer Einstellung steigt die Wahrscheinlichkeit, dass es schließlich tatsächlich zu einem persönlichen Treffen kommt" (Stengel, 2002, S. 165).

Zudem stellt sich die Frage, wie denn die spezifische Nutzung bei den Internet-Usern[1] aussieht, d.h. wie das vorhandene Online-Angebot angenommen wird. Im empirischen Teil dieser Arbeit wurden deswegen Online-Singlebörsen-Nutzer zu ihrer jeweiligen Erfahrung mit dem Medium Internet als Kontakthersteller befragt. So sollten persönliche Einschätzungen der Nutzer die Chancen und eventuellen Risiken der Online-Partnerfindung aufzeigen. In diesem Zusammenhang wollte ich der Frage nachgehen, wie nun das Online-Angebot von den Nutzern angenommen wurde und ob ein Online-Kennenlernen auf gleiche Ebene mit realen sozialen Kontakten gestellt werden kann. Finden diese medialen Freundschaften Anknüpfungspunkte im realen sozialen Netzwerk des Internet-Nutzers? Gibt es durch das Medium Internet neue Chancen der Partnerfindung?

---

[1] User (engl.) = Nutzer (in diesem Falle sind die Nutzer des Internets bzw. Nutzer diverser medialer Kommunikationsportale im Internet gemeint)

1. Einleitung

In einem Ausblick werde ich dann die Ergebnisse abschießend zusammenfassend beurteilen und zudem herausstellen, wie diese Form der Kommunikation für die Zukunft einzuschätzen ist.

2. Möglichkeiten der Online-Kontaktanbahnung

Seit der Entstehungszeit des Internets hat sich bis heute ein enormer Entwicklungsschritt vollzogen. Das Internet entwickelte sich ursprünglich aus dem sog. ARPANET[2] von 1968, das vorweg für militärische Zwecke genutzt und später auch an Universitäten und Forschungseinrichtungen angeschlossen wurde. Hier waren ursprünglich lediglich vier Rechner für militärische Zwecke miteinander vernetzt. (vgl. Haug und Reinhart, 1996). Das ARPANET wurde dann 1983 vom militärischen MILNET abgetrennt und am 28. Februar 1990 letztendlich offiziell eingestellt (vgl. Schröter, 2004).

Mittlerweile existieren unzählige Möglichkeiten, online soziale Kontakte zu knüpfen. So werden über das Internet täglich Informationen ausgetauscht, Online-Freundschaften gepflegt oder es wird einfach auch nach neuen Kontakten gesucht. Preece (2000) sieht im Internet zwei wichtige Funktionen: Information und Kommunikation:

„The Internet has two particularly important roles: to enable millions of people to access vast quantities of information and to enable them to communicate with each other" (Preece, 2000, S. 110).

Allgemein stellt sich jedoch die Frage, inwieweit online nicht nur mediale Freundschaften und mediale soziale Netzwerke aufgebaut werden, sondern ob diese auch ins reale Leben transportiert werden können. Diesen Aspekt werde ich im empirischen Teil meiner Arbeit an späterer Stelle noch genauer beleuchten. Vorab sollen jedoch zuallererst die Möglichkeiten der Online-Kontaktaufnahme betrachtet werden.

Immer mehr Menschen lernen sich über das Internet kennen, was zu der Frage führt, was genau das Online-Kennenlernen so attraktiv macht. So könnte man zum einen die von Buunk (1996) deklarierte Gefahr, dass ein Mangel an Beziehungen nicht nur Einsamkeit mit sich bringe, sondern auch ernsthafte gesundheitliche Folgen haben könne, als grundlegendes Bedürfnis des Menschen sehen, soziale Kontakte zu erweitern. Nun stellt sich jedoch die Frage, warum dies vermehrt immer häufiger online geschieht. So sieht Wehr (2000) in diesem Zusammenhang vor allem die Tatsache, dass schnell und unkompliziert, ohne das Haus zu verlassen, ständig neue Kontakte geknüpft werden können, als eines der interessantesten und aus-

---

[2] ARPANET = Advanced Research Projects Agency (vgl. Utz, 1999, S. 14)

2. Möglichkeiten der Online-Kontaktanbahnung

schlaggebendsten Argumente für die Online-Kontaktsuche. Auch Ben-Ze'ev (2004) betrachtet diesen Aspekt als ausschlaggebend für die zunehmende Beliebtheit der Online-Kontakte:

„Having an online affair is like going to a party whenever you want to, without having to leave your home" (Ben-Ze'ev, 2004, S.47).

Doch der Aufbau von Online-Freundschaften bzw. medialen sozialen Netzwerken ist nur über spezielle Medien bzw. Kontaktvermittler möglich. Als erstes möchte ich deswegen grundlegende Wege aufzeigen, die das Online-Kennenlernen ermöglichen. Hierzu gehören Chat-Räume, E-Mail und spezielle One-to-one-Chats, die auch als Private-Chats oder (Instant-)Messenger bezeichnet werden können. Zudem existieren diverse Foren, die sich themenspezifisch an verschiedene Nutzergruppen richten. Als letzten Punkt sind Online-Singlebörsen zu nennen, die ich anhand der beiden Beispiele iLove und NEU.DE ausführlicher betrachten werde.

2. Möglichkeiten der Online-Kontaktanbahnung

2.1 Chat[3] (IRC – Internet Relay Chat)

Chat-Räume bieten eine einfache Möglichkeit in kurzer Zeit mit möglichst vielen Menschen auf der ganzen Welt zu kommunizieren.

„Der Internet Relay Chat ermöglicht einen zeitgleichen (synchronen) textvermittelten Online-Dialog einer Vielzahl von Benutzern" (Stengel, 2002, S.150).

Leider kann dies für manchen Betrachter auf den ersten Blick etwas unpersönlich und oberflächlich erscheinen, jedoch können auch im Chat-Raum Internet-Freundschaften geknüpft werden. Bei regelmäßiger Teilnahme ist sogar eine gewisse Art des Aufbaus eines sozialen medialen Netzwerkes möglich. Chat-Kommunikation kann nach Gallery (2000) als one-to-many-, one-to-one-, many-to-many- und many-to-one-Kommunikation differenziert werden.

Der Vorgänger des Internet Relay Chats, 1988 entwickelt von dem finnischen Studenten *Jarkko Oikarinen* zur Verwendung in seiner eigenen lokalen Mailbox, begann sich auszubreiten, als Finnland schließlich mit den USA mittels Internet verbunden wurde (vgl. Stengel, 2002). Nach Rheingold (2000) war dieses, von Oikarinen entwickelte synchrone Kommunikationsmedium dazu gedacht, um über das Internet zu arbeiten und wurde anfangs von lediglich 20 Testpersonen angewendet:

„ (...) a multi user, synchronous communications tool designed to work over Internet. First it was tested on a local community of twenty users and then installed throughout the Finish national network and ultimately the Scandinavian portion of Internet" (Rheingold, 2000, S.184).

Mittlerweile erstreckt sich das Internet weltweit und liefert weitreichende Möglichkeiten der Online-Kommunikation über Chat-Räume, die sich in spezifische Themengebiete gliedern. So können überall auf der Welt Kommunikationspartner zu diversen Themen gesucht werden.

---

[3] „Der Begriff Chat bezeichnet die zeitgleiche Kommunikation mehrerer Nutzer eines Online-Dienstes per Tastatur und Internetzugang. Auf seinem Bildschirm sieht jeder Nutzer die Eingaben der anderen Nutzer und kann durch Tippen in seine Tastatur eigene Beiträge an alle anderen senden" (http://www.zasterbox.de/bonitaet/Chat-cms_622.html).

2. Möglichkeiten der Online-Kontaktanbahnung

Um an einem Chat teilzunehmen, muss prinzipiell ein Pseudonym gewählt werden. Dieser sog. *Nickname*[4] ermöglicht es jedem Online-Kommunikationsteilnehmer vorerst anonym zu bleiben und „bietet daher einen großen Freiraum für Spielereien mit der eigenen Identität, da er nichts mit der realen Person zu tun haben muss" (Stengel, 2002, S. 151). So zeigt sich gerade im Bereich Chat oft eine Vielzahl der Variation der Möglichkeiten des Umgangs mit Online-Identitäten. Ben-Ze'ev (2004) betont in diesem Zusammenhang die Komponente der Anonymität bzw. auch die Distanz zu den anderen Teilnehmern der Chat-Räume:

"These types of communication take place between real people who, while not completely anonymous, may have not fully disclosed their identity: in most cases, you cannot see or hear the other person" (Ben-Ze'ev, 2004, S.1).

Mit dem *Nickname* wird nicht nur vorerst Anonymität gewahrt, sondern es werden, allein schon durch die Wahl eines Pseudonyms, nach Gallery (2000) Teilpräsentationen des Selbst und Identitäten aufgebaut.

„In virtuellen Welten lässt sich nicht nur die reale Identität verbergen, sondern eine neue, virtuelle Identität annehmen (...) Eine virtuelle Identität gipfelt sicher in der Vorstellung, sich „mit Haut und Haaren" von der Realität zu lösen und sich mit einer seinen Idealvorstellungen entsprechender Identität durch virtuelle Welten zu bewegen" (Stengel, 2002, S. 156, 157).

In diesem Zusammenhang spricht Stengel (2002) von Genderswitch[5] im Rahmen einer Kreation alternativer Online-Teil-Identitäten. Zudem wird hier die Modifizierung einzelner Persönlichkeitsmerkmale erwähnt. Gemeint ist ein Verschweigen nicht gewünschter Attribute oder ein Hinzufügen von nicht vorhandenen, jedoch gewünschten Charaktereigenschaften. Auch Neverla (1998) greift den Aspekt der Identitätskonstruierung mittels Geschlechterrollenwechsel auf, nennt dieses Phänomen jedoch Gender-Swapping. Dieser Online-Geschlechtswechsel wird nach Neverla jedoch größtenteils von männlichen Internetnutzern vollzogen.

---

[4] „ein Nickname ist ein „Pseudonym / Fantasiename (wie ein Maske), der erst mal - oder auf Dauer - die Identität verbergen soll, aber auch zur Kommunikation einlädt. Vor allem in Chats oder Diskussionsforen legt man sich einen Nickname zu, bevor man "eintritt"" (http://www.symweb.de/glossar/nickname 225.htm).
[5] Genderswitch bedeutet die Übernahme einer Identität des anderen Geschlechts in der Online-Kommunikation, ein sog. Geschlechterwechsel.

2. Möglichkeiten der Online-Kontaktanbahnung

Allerdings gibt es auch über das Medium Internet ernsthafte Kommunikationspartner, die in Bezug auf ihre eigene Person keine Traumwelten darstellen. Wichtig ist dies vor allem, wenn zur Erweiterung der Online-Kommunikation auch eine Übernahme der medialen Freundschaft in reale soziale Netzwerke erwünscht ist. Chat-Räume bieten eine essentielle Basis für die Kommunikation mit unbekannten oder bekannten Personen auf der ganzen Welt. Die sog. CMGC (computer mediated group communication) beschleunigt und entgrenzt nach Debatin (1998) Kommunikationsprozesse, da Personen aus unterschiedlichen Ländern und Kulturen in Echtzeit miteinander in Kontakt treten können.

Da weltweit unzählig viele verschiedene Chat-Möglichkeiten in diversen Chat-Räumen existieren, möchte ich an dieser Stelle auf konkrete Beispiele verzichten.

Eine Ergänzung findet das Genre Internet Relay Chat im persönlichen Chat, in dem sich speziell eine kleine Gruppe von Menschen bzw. nur zwei Personen austauschen und kennenlernen können. Hierzu gibt es beispielsweise die Möglichkeit über diverse Messenger zu kommunizieren.

2. Möglichkeiten der Online-Kontaktanbahnung

2.2 Messenger[6]

Wie eben schon kurz erwähnt, bieten Messenger die Möglichkeit der ungestörten Kommunikation mit einer einzelnen Kontaktperson. Hierzu gibt es verschiedene Ausführungen. Weitreichend verbreitet sind die Messenger von AOL, Yahoo, Microsoft und der ICQ[7]-Messenger. Der AIM (AOL Instant Messenger), ICQ, der Yahoo-Messenger oder der MSN-Messenger funktionieren im grundlegenden Prinzip alle ähnlich.

Diese Messenger sind meist in eine Plattform eingebunden, in der viele Kommunikationsteilnehmer partizipieren. So stellt der AIM z.B. eine Möglichkeit dar, mit anderen AOL-Mitgliedern zu kommunizieren. Hier können Kontakte über das AOL-Mitglieder-Verzeichnis gesucht und einzelne Personen angesprochen werden. Auch besteht die Möglichkeit, nach der Teilnahme in einem Chat-Raum das private Gespräch über den AIM aufzusuchen. In der persönlichen Buddy-Liste können die jeweiligen Kontakte gespeichert werden, sodass immer ersichtlich ist, wenn ein Freund online kommt.

Bei ICQ registrieren sich die Nutzer auf einem Server, der mit einem kompletten Netzwerk vieler Server verbunden ist. Der Nutzer bekommt dann eine persönliche Kontaktnummer zugewiesen und sobald er sich im Internet einwählt, wird den anderen Teilnehmern angezeigt, dass dieser online ist (vgl. Preece, 2000, S. 254). Nach dem gleichen Prinzip funktionieren auch die anderen o.g. Messenger. Zudem ist zu erwähnen, dass gerade mit Messengern, wie auch im Chat, eine grenzüberschreitende Kommunikation ermöglicht wird. Beispielsweise kann über ICQ weltweit nach Online-Freunden gesucht werden.

„In der Tat ist die räumliche Trennung mittels Kommunikationsmedien überwindbar; nur Bruchteile von Sekunden sind nötig, um mit Kommunikationspartnern in anderen Weltteilen in Verbindung zu treten. Zwar ist eine Überwindung von Raum auch bereits mit den „alten" Kommunikationsmedien möglich (z.B. Bote, Brief, Telegraphie, Telefon und Fax), eine besondere Bedeutung wird jedoch den

---

[6] Ein Messenger „ist ein Dienst, um im Freundeskreis oder darüber hinaus zu chatten oder kurze Nachrichten an andere zu schicken. Vorteil gegenüber dem Chatten ist, dass keine Verabredung nötig ist, da man die Anwesenheit der Anderen sieht, bzw. "erfährt" (wenn das Programm mitläuft)"
(http://www.symweb.de/glossar/instant-messaging---im_260.htm).
[7] ICQ ist ein Akronym für „I seek you"

2. Möglichkeiten der Online-Kontaktanbahnung

„neuen", insbesondere den internetbasierten Medien zugeschrieben. Eine Auflösung der Bedeutung konkreter Orte wird vorhergesagt, eine De-lokalisierung" (Stegbauer, 2001, S.41).

Abb. 1 – Telegramm über AIM

Dies ermöglicht zudem eine Kommunikation in einer Fremdsprache, indem Gesprächspartner aus anderen Ländern kontaktiert werden. So ist beispielsweise auch das schriftliche Üben dieser Sprache in einer Live-Unterhaltung mit Muttersprachlern möglich. Natürlich kann dies auch durch das Betreten eines ausländischen Chat-Raums praktiziert werden.

Des weiteren gibt es eine Vereinfachung im Messenger-Bereich, die alle o.g. Messenger vereint, der Trillian-Messenger.

„Trillian gehört mittlerweile weltweit zu den beliebtesten Internet-Tools. Es ist kostenlos und werbefrei" (http://www.trillian-messenger.de/index.php).

Über diesen Messenger können Kontakte aus allen Messengern zusammengeführt werden. So kann über Trillian mit Personen kommuniziert werden, die den AIM, ICQ, MSN-Messenger oder den Yahoo-Messenger benutzen. Auf diese Weise wird es hier ermöglicht, eine Bandbreite von Kontakten aus verschiedenen Plattformen über einen Messenger zu vereinen.

Der MSN-Messenger bietet zudem die Funktion eines realen Video-Chats an. Ist eine Web-Cam am PC installiert, so kann der Kommunikationspartner live per Video gesehen und auch gehört werden, vergleichbar mit einem Bildtelefon. Diese Funktion ist auch über den AOL-Messenger nutzbar, steht jedoch nur AOL-Kunden zur Verfü-

2. Möglichkeiten der Online-Kontaktanbahnung

gung. Live-Video-Chats sind zudem über Windows NetMeeting möglich. Dieses Programm ist normalerweise Bestandteil des Windows Betriebssystems und kann somit ebenfalls kostenlos genutzt werden. Das In-Kontakt-Treten mit dem Kommunikationspartner funk-tioniert bei NetMeeting über die Anwahl einer IP-Adresse[8]. Um jedoch in Kontakt treten zu können, müssen nach Mühlenfeld (2004) beide Teilnehmer zunächst NetMeeting geöffnet haben. Die Anzuwählende IP-Adresse wird dann über NetMeeting angegeben und der Kommunikationspartner kontaktiert. Ähnlich eines Telefons, erscheint an seinem Computer dann ein auditiver und zudem ein visueller Hinweis für den eingehenden Anruf.

Es fallen bei der Nutzung aller o.g. Messenger nur die üblichen Online-Kosten des jeweiligen Providers[9] an.

Des weiteren gibt es auch die Möglichkeit, über das Internet direkt verbal in Kontakt zu treten. Hierzu sind entweder ein Internet-Telefon oder ein einfaches Headset und die jeweilige Software des speziellen Anbieters nötig. Online-Telefonmöglichkeiten gibt es beispielsweise bei AOL, freenet oder über den skype-Messenger[10]. Es kann hier ent-weder mit bekannten Teilnehmern telefoniert werden, die ebenfalls über diesen Anbieter angemeldet sind oder es können neue Bekanntschaften über die diversen Mitgliederverzeichnisse gesucht werden. Beide Kommunikationspartner müssen jedoch, wie auch beim Chat, zum Telefonat online sein. Auch über Windows NetMeeting kann zusätzlich zum Video-Chat lediglich telefoniert werden.

---

[8] „IP-Adressen sind die 'Telefonnummern' des Internet. Jeder Rechner, der an das Internet angeschlossen ist – temporär oder permanent -, bekommt eine solche Adresse zugewiesen" (Mühlenfeld, 2004, S. 70).
[9] Provider: „Engl. für Versorger. Gemeint ist ein Anbieter von Dienstleistungen für einen Online-Dienst oder dem Internet. Der Provider bietet je nach Ausstattung Einwahlmöglichkeiten per Modem und ISDN an und verlangt dafür entweder einen monatlichen Pauschalbetrag und/oder zeit- und datentransferabhängige Nutzungsgebühren. Online-Dienste wie AOL oder T-Online mit eigenen Inhalten fungieren ebenfalls als Internet-Service-Provider"(http://www.computer-woerterbuch.de).
[10] http://www.skype.com

2. Möglichkeiten der Online-Kontaktanbahnung

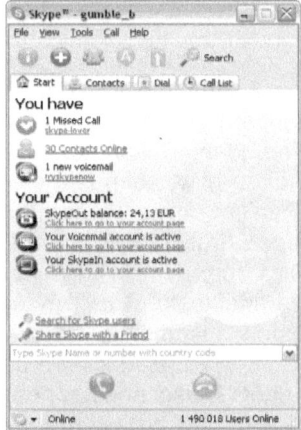

Abb. 2 – skype messenger

Mittlerweile existieren jedoch zusätzlich noch weitere Telefonmöglichkeiten über das Internet, die ein Gespräch ermöglichen, ohne online am PC anwesend sein zu müssen. Hier wird über spezielle Phone-Adapter das Telefon mit dem Internet verbunden. Das Telefon wird hier in ein Gerät eingesteckt, das gleichzeitig auch für den Computer als Modem genutzt wird, sodass das Telefonieren über die DSL[11]-Leitung stattfindet. Hier ist jedoch ein DSL-Anschluss obligatorisch. Das Telefonieren über das Internet wird mit Voice-over-IP (VoIP), einer Sprachübertragung über das Internetprotokoll[12], ermöglicht. Hier werden Audiodaten über das Internet transferiert. Telefoniert werden kann über VoIP auch bei ausgeschaltetem Computer. Dies ist beispielsweise über den Provider AOL möglich.

---

[11] DSL = digital subscriber line, ist ein Verfahren für digitalisierte Datenübertragung per Telefonleitung mit sehr hohen Übertragungsraten (vgl. http://www.computerwoerterbuch.de).
[12] Das Internetprotokoll (IP) ist für den Transport der Informationseinheiten im Netz zuständig, für eine Zustellung am Zielort sorgt letztendlich das Transmission Control Protocol (TCP) (vgl. http://www.computer-woerterbuch.de).

2.3 E-Mail

Elektronische Post bzw. E-Mail (electronic mail) wird meist nicht zur Kontaktanbahnung, sondern zur weiteren Kontakthaltung bzw. zur Kommunikation mit Freunden, Bekannten oder Geschäftspartnern genutzt. Hier können kurze bzw. auch längere Texte, ähnlich eines Briefs, jedoch ohne Papier, online versandt werden. Der zu versendende Text wird nach Früh (2000) mit Hilfe eines User-Agent-Programmes erstellt und durch ein MTA (Message-Transfer-Agent) an einen lokalen Nutzerbriefkasten bzw. andere Rechner versandt. Das für den Mailtransport zuständige Protokoll nennt sich Simple Mail Transfer Protokoll (SMTP). E-Mails werden „von einem Rechner, möglicherweise über Zwischenstationen, zu einem anderen Rechner versandt und vom dort installierten Programm in der Mailbox (Briefkasten) gesammelt" (Früh, 2000, S. 47). Es handelt sich bei der E-Mail-Kommunikation allerdings, im Gegensatz zur zeitgleichen, synchronen Chat-Kommunikation, um einen asynchronen Kommunikationsaustausch, da der Kommunikationspartner oft nicht in Echt-Zeit antwortet, sondern die E-Mail meist zu einem anderen Zeitpunkt liest oder beantwortet. E-Mails können zwar innerhalb weniger Sekunden weltweit versandt werden, jedoch ist nicht garantiert, dass der Kommunikationsteilnehmer genau in diesem Augenblick vor dem Computer sitzt.

„Während in einem Netzwerk solche Nachrichten den Empfänger direkt erreichen können, geht der Austausch per Online-Dienst, Internet oder Mailbox meist indirekt vor sich. Eine E-Mail wird hier auf einem Rechner des Dienstes bzw. der Box zwischengespeichert und von dort per Modem oder ISDN-Karte >>abgeholt<< oder weitergeleitet. Die Verwaltung der E-Mails besorgt hier ein E-Mail-Server des Online-Dienstes, Internet-Providers oder der Mailbox" (http://www.at-mix.de/e_mail.htm).

E-Mails können nicht nur Texte beinhalten, es besteht die Möglichkeit hier auch weitere Dokumente wie beispielsweise Fotos anzuhängen. Leider werden auf diesem Weg jedoch auch oft Computerviren verbreitet. Eine private E-Mailadresse erhält man entweder über den Internet-Provider oder bei einigen Internet-Dienstleistern, die diese kostenfrei anbieten.

2. Möglichkeiten der Online-Kontaktanbahnung

2.4 Internetsprache - Gefühle im Netz

Abb. 3 – Emoticons 1[13]

Mediale Kommunikation via Chat oder Messenger erfolgt, abgesehen von den Live-Video- und Telefonmöglichkeiten über das Internet, meist in schriftlicher Form. Im Gegensatz zur Face-to-Face-Kommunikation ergibt sich hier nun ein Defizit an Ausdrucksmöglichkeiten für Emotionen, „paraverbale Botschaften (z.B. Stimmhöhe, Lautstärke ...) und extralinguistische Äußerungen (z.B. Mimik, Gestik ...), die gerade für die Kommunikation emotionaler Botschaften (...) und die Vermittlung von interpersonaler Nähe von großer Bedeutung sind (...)" (Döring, 1999, zitiert nach Stengel, 2002, S.154).

Nun gibt es jedoch hier eine Möglichkeit, Gefühle auch in schriftlicher Form mitzuteilen. So können für plötzliche Gefühlsausbrüche sog. Sound- und Aktionswörter[14] benutzt werden. Um Aussagen richtig zu interpretieren werden sog. Emoticons (emotional icons) hinzugefügt. Emoticons sind „Symbole, die aus Textzeichen gebildet werden und Gesichter darstellen, die verschiedene emotionale Zustände des Senders ausdrücken sollen" (Stengel, 2002, S. 155). Diese Symbole ermöglichen es, Aussagen in gewisser Weise abzuschwächen bzw. ihnen einen traurigen, fröhlichen, lustigen oder ironischen Ton zu verleihen. Emoticons ersetzen nach Stengel (2002) im virtuellen Dialog so die fehlende Gestik und Mimik des Kommunikationspartners und sollen Stimmungen wie Freude, Ironie oder Traurigkeit übermitteln. Nach Schmidt (2000) sind Emoticons mittlerweile nicht mehr nur in Chats, sondern in fast allen Internetanwendungen Bestandteil der Kommunikation zum Ausdruck von Zustands- und Gefühlsäußerungen.

---

[13] Quelle: http://da.co.la.ca.us/images/emoticons.gif
[14] Sound- und Aktionswörter geben einen plötzlichen Gefühlsausbruch in Textform wieder. Diese Sound- und Aktionswörter werden meist zwischen zwei „Sternchen" angegeben (z.B. *freu*, *heul*, *jubel*, *schluchz*, *grins*, *lächel*, *lach*,...).

2. Möglichkeiten der Online-Kontaktanbahnung

Emoticons werden, aufgrund des ersten Symbols für Emotionen im Internet, das ein lachendes Gesicht darstellte (in der Tastenkombination „Doppelpunkt", „Strich" und „Klammer rechts" :-)), auch Smileys genannt. Oft werden diese Smileys mittlerweile in den gängigen Chat-Räumen und Messengern nicht mehr in den Originalzeichen abgebildet, sondern in bunten, animierten Gesichtern dargestellt. In der folgenden Abbildung nun eine kurze Übersicht einer kleinen Auswahl von verwendbaren und hier schon animiert dargestellten Emoticons.

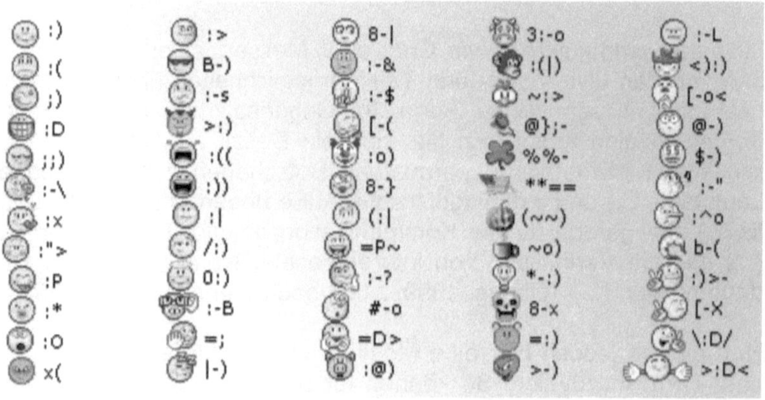

:)	:>	8-|	3:-o	:-L
:(	B-)	:-&	:(|)	<):)
;)	:-s	:-$	~:>	[-o<
:D	>:)	[-(	@};-	@-)
;;)	:((	:o)	%%-	$-)
:-\	:))	8-}	**==	:-"
:x	:|	(:|	(~~)	:^o
:">	/:)	=P~	~o)	b-(
:P	0:)	:-?	*-:)	:)>-
:*	:-B	#-o	8-x	[-X
:O	=;	=D>	=:)	\:D/
x(	|-)	:@)	>-)	>:D<

Abb. 4 – Emoticons 2[15]

---

[15] Quelle:
http://www.anvari.org/db/cols/Online_Smiley_Faces_and_Emoticons/Yahoo_Messenger_Smilies.jpg

2. Möglichkeiten der Online-Kontaktanbahnung

2.5 Foren

Foren bieten eine andere Art von Plattform, die nicht wie beim Chat zeitgleich zu einer schnellen, unmittelbaren Kommunikation führen, sondern eher langfristig Informationen und Hilfe bieten. Ein Forum stellt einen Diskussions- oder Nachrichtenbereich dar, der jeweils einem speziellen Thema zugeordnet ist, welches bei den Beiträgen strikt eingehalten werden sollte (vgl. http://www.internet-woerterbuch.de). So können in einem Forum Beiträge anderer gelesen oder selbst Beiträge verfasst werden. Diese Beiträge sind entweder für andere Nutzer informativ gehalten oder sie beinhalten Fragestellungen, die wiederum von anderen Forum-Nutzern beant-wortet werden sollen. So können längere Diskussionen auf dieser Plattform abgebildet werden, wobei es verschiedenen Personen möglich ist, daran teilzuhaben. Jedoch existieren in diversen Foren auch Zugangsbeschränkungen. So weisen Döring und Schestag (2003) darauf hin, dass der Zugang technisch begrenzt werden kann, „etwa indem man nur ausgewählten Personen Zutritt gewährt, die maximale Teilnehmerzahl festlegt, unerwünschte Personen gezielt aus dem Forum ausschließt, oder die Partizipationsmöglichkeiten von Neulingen durch einen dezidierten Gast-Status technisch einschränkt" (Döring & Schestag, 2003, S. 310). Betritt man ein Forum, kann man so entweder passiv nach themenspezifischen Informationen suchen oder sich aktiv am Geschehen beteiligen, um andere Nutzer am eigenen Expertenwissen teilhaben zu lassen, bzw. die Hilfe anderer Internet-Nutzer in Anspruch zu nehmen. Personen, die Foren nur passiv nutzen und somit lediglich von den Beiträgen anderer profitieren, werden „Lurker" genannt.

„Lurker is the term used to describe someone who does not participate; he observes what is going on but remains silent" (Preece, 2000, S. 87).

Man findet im Internet mittlerweile zu fast jedem Themengebiet mindestens ein Forum, das den gesuchten Wissensbereich abdeckt. So können zu bestimmten Themen Gleichgesinnte gefunden, Fragen geklärt und Wissenslücken überbrückt werden. Teilnehmende können auf dieser Plattform über eigene Erfahrungen berichten, Anregungen zu einem speziellen Themengebiet geben oder Hilfestellungen bzw. Informationen anbieten wie auch suchen.

2. Möglichkeiten der Online-Kontaktanbahnung

2.6 Online-Singlebörsen

Der Trend der Online-Singlebörsen schreitet immer weiter voran. Immer mehr Menschen lernen sich nicht mehr nur zufällig online kennen, sondern suchen gezielt in Internet-Singlebörsen nach neuen Kontakten. Es stellt sich hier jedoch die Frage, wer gerade dieses neue Medium zur Kontaktanbahnung nutzt. Die von Döring (2000) gestellte Frage, ob dies vor allem gehemmte, vereinsamte, unattraktive und beziehungsunfähige Menschen sind, lässt sich meines Erachtens grundlegend mit nein beantworten. Zum einen zeigt dies das breitgefächerte Klientel der Single-Plattformen, die täglichen Zuwachs an Mitgliedern verzeichnen können. Weiteren Zuwachs finden auch Chats, Foren und Messenger. Zum anderen „stellen Katz und Aspden (1997) in ihrer US-amerikanischen Repräsentativumfrage fest, dass diejenigen Befragten, die enge Netzbeziehungen geknüpft hatten, sich weder psychosozial (soziale Integration, ausgewählte Persönlichkeitsdispositionen) noch soziodemographisch (Geschlecht, Familienstand, Alter, Beruf, Rasse) von denjenigen unterschieden, die keine ent-sprechenden Beziehungserfahrungen mitbrachten" (Döring, 2000, S.53). Einen ähnlichen Standpunkt vertritt hier auch Ben-Ze'ev (2004):

„Accordingly, not only "losers" take advantage of online dating, but also those who are searching for better choices in the limited time they have" (Ben-Ze'ev, 2004, S. 50).

Gerade die Möglichkeit, andere Singles nach spezifischen Eigenschaften wie Wohnort, Alter, Sternzeichen, Interessen oder Charaktereigenschaften zu suchen ist für die meisten Internet-Nutzer sehr verlockend. Eine Anziehungskraft zwischen Personen ergibt sich nach Buunk (1996) meist aus einer gewissen Ähnlichkeit der Einstellungen, je ähnlicher die Einstellung, desto größer die Anziehung. In Internet-Singlebörsen kann nun schon vorab nach gewünschten gemeinsamen Eigenschaften oder Einstellungen gesucht werden. Eine zusätzliche Attraktivität verleiht den Singlebörsen, dass sich die gefundenen Singles meist auch mit Fotos online vorstellen. So können, wie im realen Leben, optische Vorlieben berücksichtigt werden. Ermöglicht wird dies selbstverständlich auch durch die mittlerweile weitreichende Verbreitung von Digitalkameras und Handys mit Digitalkamerafunktion in deutschen Haushalten. So zeigt die repräsentative Studie „TrendProfile" aus dem Jahr 2004 des Magazins Stern, dass „Jeder fünfte Bundesbürger (...) mittlerweile eine digitale Fotokamera" besitzt und dass „jeder vierte Deutsche (...) in den nächsten

2. Möglichkeiten der Online-Kontaktanbahnung

zwölf Monaten sicher oder vielleicht eine digitale Fotokamera kaufen" möchte (http://www.photo scala.de/node/view/ 190).

Um ein Kennenlernen in dem Medium Online-Singelbörse zu ermöglichen, werden nach Hegmann (2003) als gängigste Methoden die dort vorhandenen Chat- oder Kurznachrichtmöglichkeiten für die Kontaktanbahnung genutzt.

Im Folgenden soll anhand der Beispiele iLove und NEU.DE nun genauer auf das Genre Online-Singlebörsen eingegangen werden. Da die dort zur Verfügung stehenden Funktionen sich in gewissen Bereichen ähneln, werde ich diese anhand des ersten Beispieles (iLove) explizit erklären und beim zweiten Beispiel (NEU.DE) nicht mehr ebenso ausführlich erläutern, da sich diese online-singlebörsenspezifisch nicht großartig voneinander unterscheiden.

2. Möglichkeiten der Online-Kontaktanbahnung

2.6.1 Die Singlebörse www.ilove.de

Abb. 5 – iLove Startseite

iLove[16] ist ein Portal der Jamba! AG für Dating und Flirten, existiert seit Juli 2003 und ist laut Angaben der Betreiber „die aktivste Singleplattform im deutschsprachigen Internet und laut Nielsen[17] die reichweitenstärkste Plattform in Deutschland"(http://www.ilove.de/ dtf/press/facts. do). Die iLove GmbH hat Ihren Sitz in Berlin. Zu erreichen ist iLove derzeit in Deutschland, in der Schweiz, in Österreich, in Großbritannien und in Schweden. Weitere Länder sollen in Kürze ebenfalls online gehen. Zielgruppen dieser Online-Singlebörse sind „vor allem junge Singles bis 35 Jahre (Durchschnittsalter derzeit 26 Jahre), wobei die Gruppe der über 35-Jährigen stark wächst" (http://www.ilove.de/ dtf/press/facts.do). Derzeit umfasst iLove einen Kundenstamm von 2,4 Mio. Internetnutzern, die laut Angabe von iLove in der Mehrzahl aus den deutschen Großstädten stammen. iLove ist laut eigenen Angaben Marktführer

---

[16] „Hinter iLove stehen die drei Berliner Unternehmer Alexander, Oliver und Marc Samwer (alando/eBay.de, Jamba!) sowie die Unternehmen MediaMarkt/Saturn, debitel und EP:ElectronicPartner" (http://www.ilove.de/dtf/press/infos.do?see=art04).
[17] Nielsen NetRatings ist eine unabhängige Marktforschungsgesellschaft (http://www.nielsen-netratings.com/).

2. Möglichkeiten der Online-Kontaktanbahnung

im deutschsprachigen Raum und wird mit über 300 000 Logins pro Tag von Männern wie Frauen gleichermaßen stark genutzt. Derzeit sind die weiblichen Nutzer mit 48% vertreten, die männlichen mit 52%.

Die Singleplattform ist für Frauen grundsätzlich kostenfrei, Männer können Dienste wie die Registrierung, das Anlegen eines Profils sowie die Suche nach anderen Profilen, das Hochladen von Fotos samt Fotoeinscannservice durch iLove und Model- bzw. Fernsehcastings[18] kostenlos nutzen. Alle weiteren Dienste wie die Kontaktaufnahme mit anderen Mitgliedern, Chatten und der Aufbau eines Freundschaftsnetzwerkes sind für sie hingegen kostenpflichtig und werden entweder wöchentlich mit 4,99 € oder als Monatspakete für 19,99 € in Rechnung gestellt. Die Abrechnung erfolgt über die Mobilfunkrechnung des jeweiligen Nutzers. Wird ein sog. Flirtpaket für einen längeren Zeitraum gebucht, ergibt sich eine gewisse Kostenersparnis. So kostet ein 12-Monatspaktet einmalig 95,88 €, was einem monatlichen Beitrag von 7,99 € entspricht. Bei einem Dreimonatspaket ergibt sich eine einmalige Kostenpauschale von 47,97 €, was einen monatlichen Beitrag von 15,99 € bedeutet. Die Anmeldung zum Single-Portal ist noch kostenfrei, doch bei der ersten Kontaktaufnahme mit anderen iLove-Mitgliedern wird bei männlichen Nutzern nach der Handynummer gefragt, über die der Nutzer für iLove identifiziert werden kann. Die Angabe der Handy-Nummer ist in diesem Fall obligatorisch und ermöglicht so für die Betreiber einen problemlosen Ablauf der Abrechnung. Den Nutzern wird für die Angabe der Handynummer ein gratis Klingelton angeboten. Alternativ zur Abrechnung über die Handynummer ist auch eine Bezahlung per Bankeinzug oder Kreditkarte möglich. Zusätzlich zur Nutzung über das Internet kann man iLove auch über das WAP[19]-Handy erreichen.

---

[18] Es besteht die Möglichkeit, sich über iLove bei der Modelagentur Most Wanted Models oder für Fernseh-Castings zu bewerben.
[19] „WAP als Abkürzung für "Wireless Application Protocoll" bezeichnet die Übertragung und Darstellung von Internetdaten auf beispielsweise Handy-Displays" (http://www.zaster box.de/bonitaet/WAP-cms_532.html).

2. Möglichkeiten der Online-Kontaktanbahnung

2.6.1.1 Die Anmeldung

Zur ersten Anmeldung bei www.ilove.de muss ein beliebiger Benutzername gewählt und zudem folgende Daten angegeben werden: eine gültige E-Mailadresse, ein Passwort, die Postleitzahl, das Land, das Geburtsdatum, das Geschlecht, der Familienstand und das vom jeweiligen Nutzer gesuchte Geschlecht. Nach Akzeptieren der allgemeinen Geschäftsbedingungen kann ein Portraitfoto hochgeladen werden. Dies ist nicht obligatorisch, erhöht jedoch die Flirtchancen. Wer keinen Scanner oder keine Digitalkamera besitzt, kann den Fotoeinscannservice nutzen und sein Foto per Post direkt an iLove schicken. Dieses wird dann umgehend online gestellt. Als nächsten Schritt werden persönliche Daten abgefragt. So sollte jeder iLover folgende Rubriken ausfüllen: „was mich ausmacht", „was ich suche", „ich möchte Leute treffen für:", wobei hier folgende Rubriken zur Auswahl stehen: „Dating & Beziehung" „Hobbies & Freunde treffen", „Flirten & Abenteuer" und „Möchte mich umschauen". Des weiteren können Angaben zum äußeren Erscheinungsbild wie Größe, Gewicht, Figur, Alter, Augen- und Haarfarbe gemacht werden. In einem weiteren Schritt sollten nun persönliche Interessen angegeben und diese anschließend aus verschiedenen Bereichen wie Sport, Musik, bevorzugte Küche sowie sonstigen Interessen ausgewählt werden. Im Folgenden kann man noch Angaben zu Lieblingsbücher, -filme und bevorzugte TV-Sendungen hinzufügen. Unter dem Bereich „Das prägt mich" sollen die Angaben zum Schulabschluss, der beruflichen Beschäftigung, den gesprochenen Sprachen, der ethnischen Herkunft, der Religion und der Frage ob der Nutzer raucht, das Bild des jeweiligen Singles abrunden. Detaillierte Informationen zur Person und die Suche nach spezifischen Charaktereigenschaften des gewünschten Partners bilden laut iLove die Voraussetzung für eine erfolgreiche Vermittlung des Traumpartners:

„Beziehungen, die über systematisches Matching zustande kommen, sind harmonischer und halten länger als zufällige Partybekanntschaften", so die Ansicht des Vorstandes Oliver Samwer (http://www.ilove. de/dtf/press/infos.do?see=art04).

Als weiteren Punkt in der Anmeldung steht dem neuen iLove-Nutzer die Option offen, Freunde zu werben, indem deren E-Mailadresse preisgegeben werden soll. Die iLove-Begründung dazu lautet, dass neunzig Prozent aller Paare sich über gemeinsame Freunde kennen gelernt hätten, wobei die besten Singles die Freunde der Freunde wären. So wird taktisch klug automatisch eine Lawine an weiteren potentiellen neuen Mitgliedern ausgelöst. iLove betont hier jedoch auch ausdrücklich, dass die Besonderheit ihres Singleportals in diesem Freundschaftsnetzwerk liege, welches dem realen Leben, mit Aufbau von Freundschaften und Kennenlernen des Freundschaftsnetzwerkes einer neuen Bekanntschaft, nahe komme (vgl. http://www.ilove.de/dtf/press/ infos.do?see=art01).

Als letzter Schritt der Anmeldung muss nun das eigene Profil aktiviert werden. Das neue Mitglied bekommt per E-Mail einen Aktivierungscode in Form eines Links[20] zugesandt. Sobald über diesen Link die iLove-Seite aufgerufen wurde, ist das Profil aktiviert und der neue Nutzer des Singleportals bekommt, bei Angabe der eigenen Handynummer, zur Begrüßung einen Gratisklingelton für sein Handy.

2.6.1.2 „Mein iLove" und das persönliche Profil

Nach der Aktivierung des Profils durch den zugesandten Link ist zum ersten Mal der Zugriff auf das persönliche Profil „Mein iLove" möglich. Hier sind alle zuvor angegebenen Daten samt Foto sichtbar. Die Freischaltung der Fotos kann jedoch bis zu zwei Werktage in Anspruch nehmen, da diese von der iLove-Redaktion einzeln aus rechtlichen und qualitativen Gründen überprüft werden. So werden bei iLove beispielsweise keine Kinder-, Tier-, Landschafts-, Comics und Pornofotos freigeschaltet. Mein iLove bietet einen Überblick über die iLover, die das eigene Profil zuletzt angeschaut haben. Diese sind mit ihrem Portrait-Foto aufgelistet. Ein Klick auf dieses Foto ermöglicht die Einsicht in das jeweilige Profil des iLove-Mitglieds. Darüber werden dem iLove-Nutzer unter der Rubrik „iLover die zu mir passen" andere iLover vorgeschlagen, die in spezifischen Aspekten dem eigenen Profil ähnlich sind. Ebenfalls ist auf dieser Seite schnell ersichtlich, ob neue Nachrichten im Postfach vorliegen. Über einen Link gelangt man in das persönliche Postfach, in dem neue Nachrichten verfasst und gelesen werden können. Bereits gelesene Nachrichten können, bei Bedarf, einfach gelöscht werden. Zudem gibt es die Funktion einer „schwarzen Liste", die es ermöglicht, unerwünschte Nachrichten von speziellen iLovern zu blockieren. Neue Nachrichten im Postfach werden von iLove zusätzlich an die persönliche, bei iLove angegebene, E-Mailadresse weitergeleitet, sodass der Singleportal-Nutzer diese auch von seinem persönlichen E-Mail-

---

[20] Link = „Eine Verbindung von einer WWW Seite zu einer anderen" (http://www.computer-woerterbuch.de)

2. Möglichkeiten der Online-Kontaktanbahnung

Account aus lesen und beantworten kann, ohne bei iLove eigeloggt sein zu müssen.

Abb. 6 – Mein iLove

Weitere Links führen zu Singles, die gerade online sind, zu neuen Singles und zu iLovern, die bereits in das eigene Freundschaftsnetzwerk aufgenommen wurden. Auf das Freundschaftsnetzwerk werde ich jedoch später noch einmal zu sprechen kommen. Eine weitere Funktion auf dieser Seite ist die „Schnellsuche", bei der durch die Angabe von Alter, gesuchtem Geschlecht, Postleitzahl und Land eine Suchergebnisliste erscheint, welche die der jeweiligen Suche entsprechenden iLover mit Foto aufzeigt. Durch anklicken des Fotos gelangt man dann wieder auf die jeweiligen Profile der einzelnen iLover. Die Suche nach iLove-Mitgliedern ist neben dem Bereich „Mein iLove" in dem Bereich „Suche" auch noch ausführlicher zu gestalten, dazu jedoch auch später mehr. Als obersten Punkt sieht man bei „Mein iLove" das eigene Profilfoto, den Datingfakor[21] und die Links zum persönlichen Profil und dem eigenen Fotoalbum. Im Fotoalbum besteht die Möglichkeit, zusätzlich zum Portraitfoto, das für jeden zuerst sichtbar ist und welches im persönli-

---

[21] Der Datingfaktor errechnet sich aus den gemachten Angaben und den hochgeladenen Fotos. Je detaillierter die Angaben zur eigenen Person und je mehr Fotos eingestellt wurden, desto höher wird letztendlich der Datingfaktor.

2. Möglichkeiten der Online-Kontaktanbahnung

chen Profil erscheint, weitere Fotos in das persönliche Fotoalbum hochzuladen.

Abb. 7 – iLove persönliches Profil

Im persönlichen Profil erscheinen die anfangs getätigten Angaben zur eigenen Person sowie das eingestellte Portraitfoto. Zusätzlich können weitere Angaben unter dem Punkt „Mehr über mich" getätigt werden. So können hier allgemeine Stellungnahmen zu gewissen Bereichen wie Familie, Freunde, Beziehung, Beruf und Karriereplanung, sowie allgemeine Lebenseinstellungen dargelegt werden. Weitere Auskünfte zum Aussehen bietet dann das Fotoalbum, in dem bis zu fünf Fotos gespeichert werden können, die von anderen iLove-Nutzern einsehbar sind. Des weiteren bietet das persönliche Profil eine Gästebuch-Funktion, in dem sich andere iLover verewigen können. Zudem besteht die Möglichkeit, einen Voice-Clip[22] zu hinterlassen, der dann von anderen Mitgliedern angehört werden kann. So ist es möglich, vorab schon einmal die Stimme eines iLove-Mitglieds anzuhören und über die dabei empfundene Sympathie zu entscheiden.

---

[22] Der Voice-Clip stellt eine gesprochene Nachricht auf Band dar, ähnlich eines Anrufbeantworters. Dieser kann von anderen iLovern über eine kostenpflichtige Hotline abgerufen werden (49cent/Minute).

2.6.1.3 Die Single-Suche – Kontaktaufnahme mit anderen iLovern

Im Bereich „Suche" kann gezielt nach anderen iLove-Mitgliedern gesucht werden. Mit der Schnellsuche werden, wie vorher schon erwähnt, die Suchkriterien Alter, Geschlecht, Postleitzahl und Land abgedeckt. Außerdem kann auch speziell nach einem spezifischen Namen eines iLovers gesucht werden. Dies setzt jedoch voraus, dass der Benutzername des gesuchten Mitglieds bekannt ist. Eine dritte Suchmöglichkeit stellt die Detailsuche dar. Hier können exakte Angaben über den gesuchten Partner gemacht werden.

„Neben den Standardkriterien wie Geschlecht, Alter, Region und Sternzeichen hat man mehr als 100 weitere Wünsche an den Traumpartner frei. Dazu gehören Äußerlichkeiten wie Augen- und Haarfarbe, Körpergröße, Gewicht und Figur, aber auch die Interessen, (...) die bevorzugten Sportarten, der Musikgeschmack und die liebsten Bücher, Filme und Fernsehsendungen. Unter der Rubrik „Das prägt meinen Traumpartner" lässt sich gezielt nach ethnischer Herkunft (...), Religion (...), den gesprochenen Sprachen (...) und der Beschäftigung (...) selektieren" (http://www.ilove.de/dtf/press/infos.do?see=art04).

Nach der Eingabe der, zur jeweiligen Suche notwendigen, Kriterien erscheint nun eine Suchergebnisliste aller gefundenen Treffer, die sog. Matches. Hier werden die iLover kurz mit Foto, Alter und Herkunft vorgestellt. Zudem erscheint die Angabe „ich suche", bei der jeder iLover in kurzen Worten formulieren kann, was genau er bei iLove sucht.

2. Möglichkeiten der Online-Kontaktanbahnung

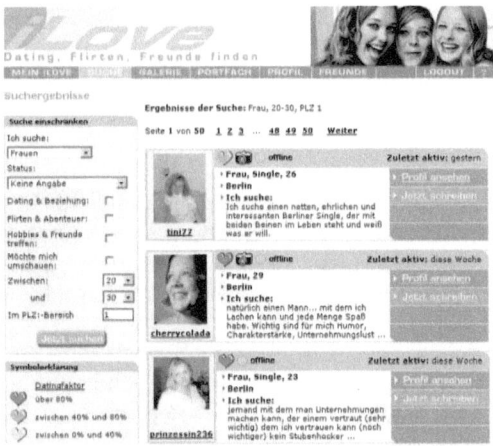

Abb. 8 – iLove Suchergebnis-Liste

Im Bereich „Galerie" besteht die Möglichkeit, sich immer wieder andere iLover anzeigen zu lassen. Dies geschieht durch Suchsortierungen in den Kriterienbereichen „Jetzt online", „iLove Geburtstagskinder", „Neu bei iLove", „iLover die zu Dir passen" und „Datingfaktor über 80%". Des weiteren werden die direkten Freunde angezeigt und es kann speziell nach Frauen und Männern mit den Suchkriterien Alter, Stadt und Sternzeichen gesucht werden.

Der Aufbau kompletter Freundschaftsnetzwerke wird ermöglicht, indem einzelnen iLovern eine Einladung ins eigene Freundschaftsnetzwerk geschickt wird. Wird diese angenommen, ist der jeweilige iLover Teil des Freundschaftsnetzwerkes. Es können jedoch nicht nur intern Einladungen an iLove-Mitglieder, sondern auch extern Einladungen an Personen versandt werden, die noch nicht bei iLove angemeldet sind. Um dann die Freundschaftseinladung anzunehmen, müssen sich die Eingeladenen aber letztendlich doch bei iLove anmelden. Über das Freundschaftsnetzwerk ist es nun auch möglich, die Freunde der Freunde kennen zu lernen, da diese unter dem Bereich „Freunde" aufgezeigt werden. Dieser Bereich ist unterteilt in „Direkte Freunde", „Freunde die online sind" und „Favoriten". So gelangen die Freunde der bereits gemachten Bekanntschaften automatisch mit in das eigene Freundschaftsnetzwerk. Hiermit wird eine Kontaktaufnahme mit dem Bekanntenkreis jedes direkten Freundes ermöglicht.

2. Möglichkeiten der Online-Kontaktanbahnung

Laut Oliver Samwer sind „Herkömmliche Datingportale" (...) „einseitig auf das Matching mit einem einzigen Partner ausgerichtet. iLove stellt wie im echten Leben den natürlich wachsenden Flirt- und Freundeskreis in den Mittelpunkt, aus dem sich dann tiefer gehende Beziehungen entwickeln können" (http://www.ilove.de/dtf/press/infos.do?see=art 01).

Im Bereich „Favoriten" hat man zudem die Möglichkeit, sich einzelne iLover, die man durch eventuelle Suche gefunden hat, vorzumerken. So erscheint dann eine Liste mit den persönlichen Favoriten, deren Profile man auf diese Weise immer wieder aufrufen kann.

Für Frauen gibt es bei iLove zusätzlich noch eine Schutzfunktion, die sie vor gar zu aufdringlichen oder unerwünschten Kommentaren männlicher iLover bewahrt. Die „iLove-Schutzengel" können per E-Mail kontaktiert werden, falls ein weiblicher iLover Probleme haben oder belästigt werden sollte.

Zusätzlich zur Möglichkeit, anderen Mitgliedern kurze Nachrichten über die Postfach-Funktion zu senden, können iLover auch in Echtzeit über die Chat-Funktion miteinander kommunizieren. Klickt man auf den Bereich Chat, werden Mitglieder, die gerade online sind, angezeigt. So können diese Personen sofort über ein Chat-Fenster angeschrieben werden. Die Kommunikation findet hier jedoch nicht in einem allgemeinen, für alle Mitglieder zugänglichen Chat-Raum statt. Der iLove-Chat ist ein persönlicher One-to-one-Chat, bei dem sich zwei Personen ungestört kennen lernen sollen. Ähnlich wie bei einem Messenger sind in diesem Chat-Room immer nur zwei Personen anwesend.

„Statt eines üblichen Chatrooms in dem sich mehrere Personen tummeln, bleiben die frisch Verliebten beim neuen Face-to-Face-Chat unter sich" (http://www.ilove.de/dtf/press/infos.do?see=art05).

Diese Art der Kommunikation ist mit bis zu sieben Teilnehmern gleichzeitig möglich. Während des Chats ist das Profil-Bild des Chat-Partners sichtbar, zudem kann man über einen Link das Profil dieses Mitglieds aufrufen.

Als neuer Bereich wurde das „Magazin" eingeführt, in dem iLovern Informationen und Neuigkeiten zum Thema Single, Liebe und Kennenlernen zur Verfügung stehen. Das Magazin ist unterteilt in die vier Bereiche „News & Aktionen", „Test & Spiele", „Tipps & Tricks", „Flirt & Erotik".

2. Möglichkeiten der Online-Kontaktanbahnung

So können sich iLove-Mitglieder beispielsweise im Bereich „News & Aktionen" u.a. als „Single der Woche" anmelden um exklusiv auf zahlreichen Partnerseiten vorgestellt zu werden. Des weiteren können sich iLover hier für ein TV-Casting bewerben um dann in diversen TV-Shows teilzunehmen. Beim Geschenkservice haben iLove-Mitglieder die Möglichkeit, andere Teilnehmer zu beschenken, ohne deren Adresse zu kennen. So können beispielsweise Rosen, Schoko-Bodypaintings, Plüschtiere etc. erworben werden. iLove leitet dieses Geschenk dann an den jeweils gewünschten Teilnehmer weiter. Zudem gibt es die Möglichkeit an diversen Gewinnspielaktionen teilzunehmen. Im Bereich „Test & Spiele" gibt es u.a. Partnerhoroskope und seit kurzem auch die „iLove-World", eine Art animierter virtueller Community in der anonym über das Telefon mit bis zu 30 Personen gleichzeitig geflirtet werden kann. Hierzu ist jedoch eine gesonderte Anmeldung bei sMeet[23] erforderlich und es entstehen zusätzliche Kosten (6 Cent/Minute).

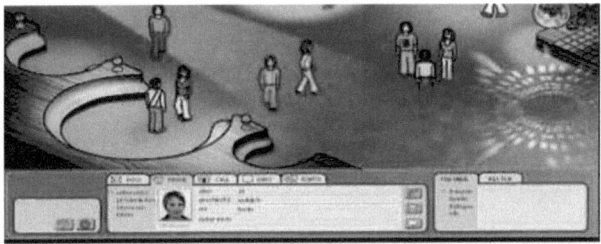

Abb. 9 – iLove World

Im Bereich „Tipps & Tricks" werden iLove-Nutzern u.a. Flirttipps und Hilfe durch das Flirtexperten-Team zur Verfügung gestellt. Im Bereich „Flirt & Erotik" werden neben einem Liebeslexikon weitere Informationen zum Thema Flirt und Erotik angeboten, zudem sind dort „Love-Stories" von glücklichen Paaren, die sich bei iLove gefunden haben, mit Foto ausgestellt.

Neben all diesen Funktionen bietet iLove eine ausführliche Online-Hilfe an, die jeden Schritt im Single-Portal ausführlich erklärt.

iLove ist meiner Ansicht nach ein rundum gelungenes Single-Portal, das auch für den nicht ganz so versierten Internet-Nutzer eine leichte Handhabung garantiert. Übersichtliche Funktionsbereiche und eine Online-Hilfe ermöglichen eine einfache Kontaktaufnahme zu an-

---

[23] sMeet ist ein Angebot der Matrix Communications GmbH

2. Möglichkeiten der Online-Kontaktanbahnung

deren Usern des Singleportals. Was letztendlich aus den gewonnenen Kontakten wird, liegt nun am Ende jedoch, wie im realen Leben, am Nutzer selbst.

2.6.2 Die Online-Singlebörse www.neu.de

Abb. 10 – NEU.DE Logo

Die NEU.DE GmbH ist ein Joint Venture[24] der Cynobia AG (41%) und der Ströer Gruppe (59%) mit dem Sitz in München. Die Cynobia AG betreibt Online-Netzwerke für Frauen (WomenWeb.de), die Ströer Gruppe, eine Outdoor-Marketing-Firma, ist ein Anbieter von Plakatflächen, was eine deutschlandweite großflächige Bewerbung von NEU.DE durch Plakatwände in diesem Falle sehr vereinfachte (vgl.http://www.cynobia.de/images/presse/cynobia/zeit_100205_2.gif und http://www.cynobia.de/images/presse/cynobia/horizont.gif).

Die Singleplattform NEU.DE wurde im Oktober 2002 gelauncht[25] (vgl. http://www.cynobia.de/images/presse/cynobia/online_singles_28022003.jpg) und ist mittlerweile nicht nur in Deutschland, sondern in einigen weiteren Ländern erreichbar. So sind europaweit Länder wie Österreich, Italien, Frankreich, Polen, Spanien und Großbritannien zu nennen. Zudem kann man das Singleportal in der Schweiz, in der Türkei, in Russland, in China, in Japan und in den USA erreichen. Im Dezember 2004 soll die Zahl der aktiven Mitglieder ca. 500 000 betragen haben. Mit aktiven Mitgliedern werden hier Personen gemeint, die im Vormonat mindestens einmal NEU.DE betreten haben. Der Geschäftsführer Andreas von Maltzan sieht sich damit als Marktführer gegenüber der Konkurrenz, da die angegebene Mitgliederzahl der Konkurrenten meist auch Mitglieder beinhalte, die eigentlich gar nicht mehr aktiv am Singleportal partizipieren, sog. „Kar-

---

[24] Joint Venture: „Joint Ventures sind grenzüberschreitende Gemeinschaftsunternehmen. Zwei oder mehr Partner ("Stammunternehmen") beschließen vertraglich die Zusammenarbeit und legen die Kapitalbeteiligung und die sonstigen Modalitäten des Joint Venture fest. Mindestens einer der Partner sollte seinen Sitz im Gründerland des Gemeinschaftsunternehmens haben. Joint Ventures können auf Dauer oder für zeitlich begrenzte Vorhaben eingerichtet werden" (http://www.netschool.de/wir/wissen/lex/j.htm).

[25] „Als Launch wird die erste Live-Schaltung einer Website bezeichnet, die unter einer neuen URL eröffnet wurde. Ein Relaunch meint den Online-Start einer überarbeiteten Website" (http://www.galileodesign.de/glossar/gp/anzeige-8008/FirstLetter-L).

2. Möglichkeiten der Online-Kontaktanbahnung

teileichen" (vgl. http://www.cynobia.de/images/presse/cynobia/ horizont.gif).

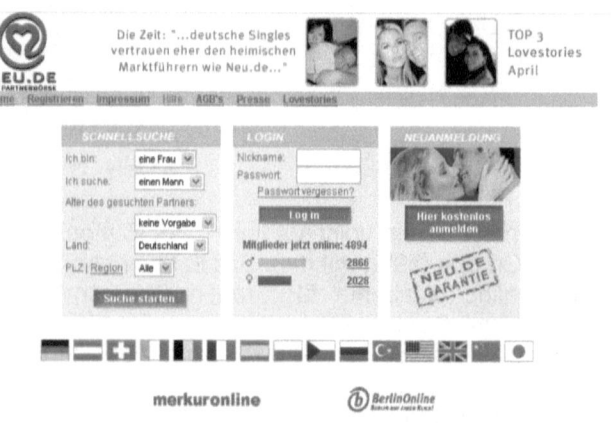

Abb. 11 – NEU.DE Startseite

Da die Anmeldung und viele der verfügbaren Funktionen bei der Singlebörse www.neu.de denen von www.ilove.de ähnlich sind, werde ich im Folgenden nicht ganz so ausführlich auf die einzelnen Funktionen eingehen, da diese größtenteils schon eingehend am Beispiel von iLove erklärt wurden.

2.6.2.1 Die Anmeldung

Zur Anmeldung wird zuerst ein gewünschter *Nickname* und ein Passwort ausgesucht. Daraufhin folgen Angaben zu Alter, Geschlecht, gesuchtes Geschlecht, Sternzeichen, Wohnort, Name und E-Mail-adresse. Nach dem Akzeptieren der AGBs ist ein erstes Anmelden zur Single-Plattform möglich. Nach der Anmeldung gelangt man auf die Hauptseite, auf der alle zur Verfügung stehenden Funktionen anwählbar sind. Die Anmeldung ist für alle Teilnehmer kostenlos, die weiteren Kosten sind ähnlich wie bei iLove, so ist die Nutzung für das weibliche Geschlecht kostenfrei, Männer zahlen einen Monatsbeitrag von 19,00 €. Jedoch gibt es eine Preisreduzierung für männliche Mitglieder, die ein Drei- oder Sechsmonatspaket erwerben. So fallen für drei Monate 39,00 € und für sechs Monate 59,00 € an (http://www.neu.de/ PageTemplates/agb.aspx).

2.6.2.2 Die Haupt-Flirtseite

Hat man nach der Anmeldung NEU.DE betreten, so gelangt man auf die Haupt-Flirtseite. Dort werden suchkriterienspezifisch Singles zu den Bereichen „Singles des Tages", „Heute neu" und „Geburtstags-Singles von heute" aufgezeigt. Im oberen Bereich der Seite werden die Flirtchancen in Prozent angegeben, ähnlich dem Datingfaktor bei iLove. Diese Flirtchancen werden auch hier aus den gemachten Angaben und den eingestellten Fotos errechnet, jedoch sind diese für den Nutzer bei NEU.DE offensichtlich aufgeschlüsselt. Die Vergabe der Flirtchancen verteilt sich prozentual auf die Bereiche „Visitenkartenbild", „Was mir wichtig ist/Mehr Infos zur Person", „Facts über mich", „Meine Persönlichkeit", „Mein Wunschpartner" und weitere einstellbare „XXL-Photos".

Im Bereich „Top 5 Chancen" kann man die letzten fünf Visitenkarten-Besucher mit Foto sehen, über einen Link gelangt man in den Bereich „VK-Besucher", in dem die letzten zehn Besucher der eigenen Visitenkarte mit Foto, Alter, Ort, Datum und Uhrzeit des Besuchs aufgelistet sind. Die Anzeige der letzten zehn Besucher wird jedoch jeweils nach vier Wochen wieder gelöscht. Im Bereich Gallery kann man sich suchkriterienspezifisch Galerien von NEU.DE-Mitgliedern ansehen. Aufgeteilt sind diese Galerien in die Suchkriterien „18-25 Jahre", „22-30 Jahre", „25-35 Jahre", „30-40 Jahre", „35-49 Jahre", „45-60 Jahre", „60 + Jahre", „Geburtstag" und „Heute neu". Zudem ist auf der Haupt-Flirtseite immer ersichtlich, wie viele männliche und weibliche Mitglieder gerade online sind.

2. Möglichkeiten der Online-Kontaktanbahnung

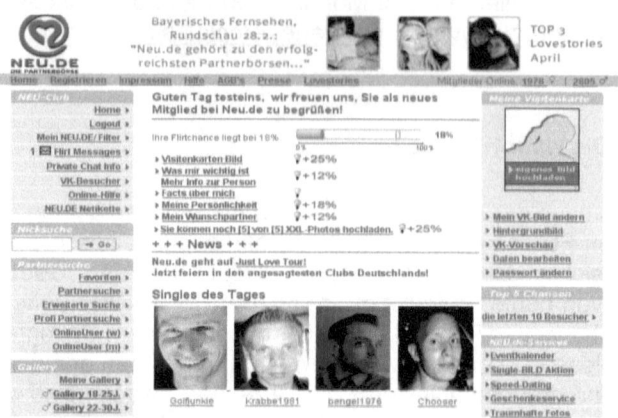

Abb. 12 – NEU.DE persönlicher Bereich

Vom eigenen Profil ist das eingestellte Visitenkarten-Bild sichtbar, weitere Informationen sind über diverse Links zu erreichen. Weitere Links führen zu Funktionen wie „Private-Chat", „Partnersuche", „Flirt-Messages", „Online Hilfe", „NEU.DE Netikette" und „Favoriten", die ich im Folgenden genauer erläutern werde.

Zusätzlich stehen auf der Hauptflirtseite „NEU.DE-Services" zur Verfügung. So gibt es dort verschiedene Links, wie beispielsweise zu einer Speed-Dating-Agentur, einem Geschenkservice, der es ermöglicht NEU.DE-Mitglieder zu beschenken, ohne deren Anschrift kennen zu müssen und einen Link zu einem Fotostudio, das damit wirbt, für die Online-Singlebörse mit besseren Fotos bessere Chancen zu bieten. Des weiteren gibt es Links zu einem Music-Download-Service und einem Online-DVD-Verleih. Ein weiteres Angebot ist das FHM-Casting, bei dem sich weibliche Singles bewerben können, um im Männermagazin FHM innerhalb einer Singlesuche mit Foto abgedruckt zu werden. Zudem gibt es die Möglichkeit, im Rahmen der Bild Single-Aktion in einer Single-Beilage der Bild-Zeitung Berlin-Brandenburg kostenlos mit Foto zu erscheinen. Im Eventkalender wird beispielsweise die „NEU.DE Just Love"-Tour vorgestellt, eine bundesweit stattfindende Flirt-Party. Des weiteren gibt es Tipps für Liebe und Sex sowie ein Liebeshoroskop und einen Link zu einem Anbieter von Singlereisen. Zusätzlich kommt man über einen Link zu einer ausführlichen Online-Hilfe, die alle vorhandenen Funktionen eingehend erklärt. Ein weiterer Link führt zu „Lovestories", den Berichten der Mitglieder, die sich bei NEU.DE gefunden haben. Zudem existiert noch ein Link zu den AGBs von NEU.DE.

2.6.2.3 Das persönliche Profil – „Meine Visitenkarte"

Im Bereich „Meine Visitenkarte" sind alle persönlichen Daten und die eingestellten Fotos sichtbar. Liegt kein eigener Scanner oder eine Digitalkamera vor, so gibt es auch bei NEU.DE einen Fotoeinscannservice, dieser kostet hier jedoch fünf Euro. Was die Freigabe der Bilder betrifft, so werden diese auch bei NEU.DE geprüft. So werden beispielsweise keine Bilder mit pornographischem Inhalt, keine Bilder die eine E-Mailadresse oder Homepage (URL) enthalten, sowie keine Comics, Starportraits oder nichtssagende Bilder, die Personen nur teilweise oder zu klein abbilden, freigegeben. Bei der Fotofreigabe wird zusätzlich vom NEU.DE-Nutzer noch eine Einverständniserklärung zur Veröffentlichung in anderen Medien benötigt. So weist NEU.DE darauf hin, dass Fotos auch in, an das Projekt NEU.DE angeschlossene, Fernsehshows oder Zeitungen zur Kontaktvermittlung veröffentlicht werden können.

Unter „Daten bearbeiten" kann man Informationen zur eigenen Person eingeben und verändern. So werden neben den zu Anfang schon getätigten Angaben weitere Informationen erfragt. In einem freien Feld kann hinterlegt werden „was mir wichtig ist". Weitere Daten zum äußeren Erscheinungsbild werden bei „Facts über mich" eingetragen, so beispielsweise Haar- und Augenfarbe, Frisur, Körpergröße, Figur, Gewicht, gesprochene Sprachen, ethnische Abstammung, Religion, Familienstand, die Frage nach Kindern oder eventuellem Kinderwunsch, Angaben zur Berufs- und Schulausbildung, ausgeübter Beruf, Einkommen, Arbeitszeit pro Woche, die Frage nach Haustieren, die Beschreibung des Kleidungsstils und die politische Überzeugung. Im Bereich „Meine Persönlichkeit" werden spezifische Charaktereigenschaften und Vorlieben erfragt. So werden hier Angaben zur Freizeitbeschäftigung, ausgeübten Sportarten, Regelmäßigkeit des Sporttreibens, der Musikgeschmack, ob die Person selbst ein Instrument spielt, ob sie gerne kocht, welche Küche länderspezifisch bevorzugt wird, in welchem Stil sie gerne wohnen würde, welche Lebensbereiche und Lebensziele ihr am wichtigsten sind, die Einstellung zu sexueller Treue, welche Form der Partnerschaft den eigenen Vorstellungen entspricht, welchen Stellenwert Essen im Leben einnimmt, wie oft Alkohol getrunken wird, ob die Person raucht, ob sie sich durch andere Raucher gestört

2. Möglichkeiten der Online-Kontaktanbahnung

fühlt, wo sie sich am wohlsten fühlt, zu welcher Tageszeit sie besonders aktiv ist und wie wichtig ihr Ordnung ist, erfragt. Letztendlich sind noch Charaktereigenschaften und Schwächen anzugeben.

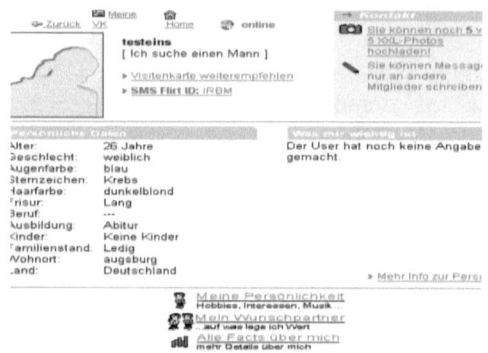

Abb. 13 – NEU.DE Visitenkarte

Zusätzlich zu den Informationen zur eigenen Person können nun auch Angaben über den Wunschpartner getätigt werden. So können mit einem Wichtigkeitsgrad von 0, 25, 50, 75 und 100 Prozent folgende Wünsche zum Traumpartner hinterlegt werden: Alter, PLZ-Bereich, Kinder, Raucher, Land, mit oder ohne Bild, Körpergröße, Haarfarbe, Figur, Ausbildung, Interessen und gesprochene Sprachen. Unter „Mehr Info zur Person" kann anhand von spezifischen Fragen das Bild des Singles abgerundet werden. So wird hier beispielsweise nach der Lebensplanung, nach Vorbildern, Wichtigkeit von Geld, dem Verhältnis zur Familie, den besten Charaktereigenschaften, den häufigst von anderen kritisierten Charaktereigenschaften, entscheidenden Werten, nach Lieblingsfilmen und -musik gefragt. Weitere Fragen beziehen sich auf folgende Aspekte: wann genussreiche Momente erlebt werden, wie ein gelungener Samstagabend aussieht, was die Person aus der Ruhe bringt, worauf die Person stolz ist, welche Rolle Freunde spielen, die Beschreibung des Einrichtungsstils der eigenen Wohnung und speziellen Fragen zum Thema Partnerschaft, z.B. welche Rolle der Partner im Leben einnimmt, die wichtigsten Voraussetzungen für eine glückliche Partnerschaft, was ohne einen Partner am meisten fehlt und was die größte Herausforderung an eine Partnerschaft darstellt. Sind alle Informationen hinterlegt, steht einer erfolgreichen Partnersuche nichts mehr im Wege.

2.6.2.4 Die Singlesuche – Kontaktaufnahme mit anderen NEU.DE-Mitgliedern

Zur Kontaktaufnahme mit anderen Mitgliedern stehen, wie bei iLove, diverse Funktionen zur Verfügung. So gibt es beispielsweise auch hier verschiedene Suchfunktionen, die im Bereich „Partnersuche" aufgelistet sind. Beispielsweise kann über eine „Nicksuche" nach einem bestimmten *Nickname* eines NEU.DE-Mitglieds gesucht werden. Zudem existiert eine ausführliche Partnersuche, bei der nach spezifischen Kriterien wie Geschlecht, Alter, Land, PLZ und spezielle Interessen gesucht werden kann. In der erweiterten Suche können zusätzlich Kriterien wie Sternzeichen, Haarfarbe, Figur, Ausbildung, weitere Interessen, vorhandene Kinder und die Frage, ob das Mitglied Raucher ist, berücksichtigt werden. Eine weitere Differenzierung nach spezifischen Kriterien ist dann in der „Profi-Partnersuche" möglich. So kann hier angegeben werden, ob ein Profilfoto und zusätzlich weitere XXL-Fotos vorhanden sein sollten. Zudem können hier zu den einzelnen Suchkriterien, wie schon bei den Angaben zum Wunschpartner im eigenen Profil, prozentuale Verteilungen der Wichtigkeit einzelner Charaktereigenschaften oder Äußerlichkeiten angegeben werden. Im Bereich „Favoriten" sind alle NEU.DE-Mitglieder gelistet, die bei einer vorherigen Suche als Favorit gespeichert wurden. So ist es möglich, sich Personen vorzumerken, denen man eventuell später eine Nachricht zukommen lassen möchte. Zusätzlich kann man sich alle Mitglieder anzeigen lassen, die gerade online sind. Diese sind suchkriterienspezifisch in männliche und weibliche Singles aufgeteilt.

Abb. 14 – NEU.DE Partnersuche

2. Möglichkeiten der Online-Kontaktanbahnung

Die Kontaktaufnahme mit anderen Mitgliedern ist zum einen über sog. Flirt Messages[26] oder live über den direkten Private Chat möglich. Hat man eine Visitenkarte eines anderen Mitglieds geöffnet, gibt es dort verschiedene Links zur Kontaktaufnahme. So können Nachrichten in Form von Flirt Messages verfasst werden. Diese Nachrichten kann sich der einzelne Nutzer auf seine private E-Mailadresse weiterleiten lassen. Dort erscheint dann in der E-Mail zusätzlich zu der Nachricht der Name des Mitglieds samt dessen Foto. Eine direkte Antwortmöglichkeit, wie bei iLove, besteht hier jedoch nicht. Um dem Absender zu antworten, muss das Singleportal NEU.DE betreten werden. Zusätzlich können in den Flirt Messages auch weitere Bilder angehängt werden. Gelesene Flirt Messages, die vom NEU.DE-Mitglied nicht gespeichert wurden, werden nach einem Tag, gespeicherte nach ca. vier Wochen gelöscht. Zudem existiert eine sog. „Blocking Liste", die es ermöglicht NEU.DE-Mitglieder zu sperren und so unerwünschte Nachrichten von speziellen Teilnehmern auszufiltern. Der „Messageverlauf" ermöglicht eine übersichtliche Darstellung der eingegangenen Nachrichten und der daraufhin gegebenen Antworten. Dieser Verlauf kann für jeden einzelnen Nutzer, der eine Nachricht gesendet hat, angezeigt werden.

Ist ein Kommunikationspartner ebenfalls online, so können live direkt Nachrichten über den Private Chat verfasst werden. Dem Mitglied wird eine Einladung zum Chat geschickt, welche er annehmen oder ablehnen kann. Zur direkten Unterhaltung müssen jedoch beide Kommunikationspartner im Singleportal NEU.DE online sein. Im Bereich „Private Chat Info" sind alle erhaltenen Einladungen zu einem privaten Chat aufgelistet. Chat-Einladungen werden nach einem Tag gelöscht. Des weiteren kann mit einem NEU.DE-Mitglied auch über das Handy per SMS Kontakt aufgenommen werden. So erhält jedes Mitglied eine SMS-Flirt-ID, über die es erreichbar ist. Die SMS wird dann an die Zentralnummer 4440 gesendet und von dort aus weitergeleitet. Dieser Service kostet jedoch 1,99 € pro SMS, die erhaltene Antwort ist hingegen kostenlos. Visitenkarten von anderen NEU.DE-Mitgliedern können zudem weiterempfohlen werden. So kann die Visitenkarte als E-Mail an eine andere Person weitergeleitet werden.

Im „Mein NEU.DE/Filter" können persönliche Einstellungen zum Wunschpartner und den Suchergebnislisten im Bereich „Gallery", „User online", „Single des Tages", „Heute neu" vorgenommen werden. So werden in den eben genannten Bereichen nur Singles an-

---

[26] Flirt Messages sind private Nachrichten, ähnlich einer E-Mail.

2. Möglichkeiten der Online-Kontaktanbahnung

gezeigt, die den gespeicherten Filterkriterien entsprechen. Wählbar sind hier jedoch lediglich zwei Filterkriterien, das Alter und der Sprachraum der gesuchten Mitglieder. Zusätzlich kann man hier Einstellungen zur E-Mail-Weiterleitung vornehmen. So ist wählbar, ob man über eingehende Nachrichten nur einmal täglich, bei jeder Nachricht oder gar keine Benachrichtigung erhalten möchte. Für eingehende Nachrichten ist, sofern man sich online im Singleportal aufhält, hier auch die Wahl eines bestimmten Tones für die Benachrichtigung über neu eingehende Flirt Messages möglich. Unter der NEU.DE Netikette sind gewisse Umgangsregeln für die Kommunikation mit anderen Teilnehmern hinterlegt. Eine Online-Hilfe erklärt ausführlich alle zur Verfügung stehenden Funktionen.

Abb. 15 – NEU.DE Online-Hilfe

Zusätzlich zum Online-Angebot ist NEU.DE auch mobil über das i-mode™-Handy[27] und, wie bei iLove, ebenfalls über das WAP-Handy zu erreichen.

NEU.DE stellt, wie iLove, meiner Ansicht nach ein ebenso gelungenes Single-Portal dar, das selbst vom Internet-Neuling ohne Probleme genutzt werden kann. Eine übersichtliche Ausarbeitung der

---

[27] i-mode™: „Bei dem EDV Begriff iMode bzw. I-Mode handelt es sich um einen 1999 in Japan eingeführten mobilen Internetzugang. Der iMode multimediale Onlinedienst basiert auf der GPRS-Datenübertragung und der Beschreibungssprache cHTML. Der iMode Dienst wird vom japanischen Mobilfunkkonzern NTT DoCoMo betrieben. Im Unterschied zum mobilen Internetzugang WAP bietet iMode eine weitaus höhere Surf-Geschwindigkeit sowie eine höhere Farbdarstellung."
(http://www.bullhost.de/i/imode.html) i-mode™ wird in Deutschland beispielsweise vom Netzbetreiber E-Plus angeboten.

2. Möglichkeiten der Online-Kontaktanbahnung

einzelnen Bereiche sowie eine detaillierte Online-Hilfe beheben alle eventuell vorhandenen Probleme und ermöglichen ebenso wie bei iLove eine einfache Kontaktaufnahme zu anderen Singles.

2. Möglichkeiten der Online-Kontaktanbahnung

2.6.3 Abschließende Gegenüberstellung der beiden Singleportale

Grundlegend sind sich beide Singleportale in ihren Funktionen sehr ähnlich. Die anfallenden Kosten für männliche Mitglieder sind bei monatlicher Zahlung fast identisch, bei viertel- oder halbjährlicher Bezahlung gibt es bei NEU.DE günstigere Monatsbeiträge, bei einem Dreimonats- und bei einem Jahresflirtpaket ergeben sich bei iLove Kostenersparnisse. Suchfunktionen, die Möglichkeiten bis zu fünf Bilder einzustellen und gezielte, differenzierte Informationen zur eigenen Person anzugeben, Chat-Funktion und Nachrichtenübermittlung via Flirt-Messages sind bei beiden Singleportalen vorhanden. Die Teilnahme ist bei iLove ab einem Alter von 16 Jahren, bei NEU.DE erst ab einem Alter von 18 Jahren gestattet.

Im Funktionsbereich ergeben sich nur kleine Unterschiede, sodass beispielsweise bei der E-Mail-Weiterleitung bei iLove direkt geantwortet werden kann, bei NEU.DE jedoch dazu die Singleplattform betreten werden muss. Dafür wird bei NEU.DE bei der E-Mail-Weiterleitung auch gleich ein Foto des Absenders mitgeschickt. Beim Versand von Nachrichten besteht zudem bei NEU.DE die Möglichkeit, weitere Fotos der Flirt-Nachricht anzuhängen, was bei iLove leider nicht möglich ist. Gelesene Nachrichten werden von NEU.DE jedoch automatisch nach einem Tag gelöscht. Vom User gespeicherte Nachrichten bleiben vier Wochen erhalten. Bei iLove hingegen kann nur der Nutzer Nachrichten eigenmächtig löschen, sodass er diese auch länger als vier Wochen aufbewahren kann. Die letzten zehn Visitenkartenbesucher werden bei NEU.DE ebenfalls nach vier Wochen gelöscht, bei iLove bleiben diese, wie auch schon bei den persönlichen Mitteilungen, erhalten. Die Funktionen „Voice-Clip", „Gästebuch" und „Schutzengel" stehen bei NEU.DE nicht zur Verfügung, jedoch ist dort immer ersichtlich, wie viele männliche und weibliche Nutzer momentan online sind. Bei iLove hingegen gibt es keine aktuelle Anzeige über die Zahl der User, die momentan online auffindbar sind. Es wird hier lediglich die prozentuale Verteilung aller angemeldeten männlichen und weiblichen User angezeigt. Die Möglichkeit, den Fotoeinscannservice zu nutzen, besteht bei beiden Anbietern, jedoch wird dieser bei iLove kostenlose Dienst von NEU.DE zum Preis von fünf Euro angeboten.

Bei NEU.DE lässt sich gezielter nach spezifischen persönlichen Eigenschaften bzw. Vorlieben suchen. Auch bei iLove kann nach spezifischen Eigenschaften und Interessen gesucht werden, jedoch ist

2. Möglichkeiten der Online-Kontaktanbahnung

dies bei NEU.DE durch die prozentuale Wichtigkeitsverteilung der Suchkriterien detaillierter möglich. iLove ist jedoch zusätzlich zur Partnerbörse auch als Freundschaftsportal zu sehen. Diese Funktion wird bei NEU.DE eher eingeschränkt. So ist es hier beispielsweise nicht möglich, als Frau andere Nutzerinnen zu kontaktieren.

Grundsätzlich lässt sich jedoch sagen, dass sich im Hinblick auf Übersichtlichkeit, Funktionsweise und Kosten beide Singleportale nicht großartig voneinander unterscheiden. Durch ausführliche Erklärungen bei der Online-Hilfe und durch die übersichtliche Darstellung beider Portale wird auf beiden Seiten eine einfache Kontaktaufnahme mit anderen Singles ermöglicht. Fraglich ist jedoch, ob die Kosten für männliche Teilnehmer angemessen sind und ob hier eventuell nicht andere Lösungswege möglich wären, beispielsweise eine Finanzierung über Werbeeinnahmen. So würde eventuell die Möglichkeit bestehen, eine noch größere Bandbreite an Usern zu gewinnen. Da jedoch reger Andrang herrscht und beide Singleportale sich nicht über Ihre Nutzerzahlen beschweren können, ist eine Änderung der Nutzungsbedingungen die Kosten betreffend wohl eher unwahrscheinlich. Anscheinend ist die Nachfrage nach Online-Bekanntschaften und die Attraktivität der Teilnahme an Online-Singlebörsen doch sehr hoch, sodass der monatliche Beitrag von vielen männlichen Nutzern gezahlt wird.

Selbstverständlich sollte im Internet mit persönlichen Daten immer sparsam umgegangen werden. So sollten niemals vollständige Adressen oder Telefonnummern für alle Teilnehmer offenkundig zur Schau gestellt werden. Zudem sind auch mit der Preisgabe von persönlichen Fotos immer gewisse Risiken verbunden. Fotos, die online für jeden sichtbar sind, sind gleichzeitig auch von jedem Internet-Nutzer verwendbar. So kann mit einem einfachen Mausklick jedes Foto, das im Singleportal online zu sehen ist, auf jedem PC gespeichert und weiterverbreitet oder bearbeitet werden. Grundsätzlich sollte man sich dieser Gefahren immer bewusst sein.

3. Kritische und medienpädagogische Sichtweisen der Online-Kommunikation

Im Zusammenhang mit der Nutzung des Internets als Kontakthersteller stellt sich die Frage, ob sich hierdurch wirklich reale neue Chancen der Partnerfindung oder auch freundschaftlicher Kontakte ergeben. Ist das Medium Internet in der Lage als Mittler für soziale Beziehungen aufzutreten, die sich letztendlich auch ins reale Leben des Nutzers übertragen? Werden diese, über das Internet geknüpften, medialen sozialen Kontakte wirklich auch im alltäglichen realen Leben weitergeführt oder handelt es sich hier lediglich um eine neue Form von rein medialen Freundschaften? Dieser Frage möchte ich im empirischen Teil meiner Arbeit auf den Grund gehen. Vorerst jedoch möchte ich die Online-Kontaktanbahnung aus medienpädagogischer Sichtweise genauer betrachten. So stellt sich zuallererst die Frage, welche Voraussetzungen, aus medienpädagogischer Sicht, für die Online-Kontaktaufnahme und das Bilden von medialen sozialen Netzwerken erfüllt werden müssen. In diesem Zusammenhang kommen wir somit auf das Thema Medienkompetenz zu sprechen.

3.1 Medienkompetenz als Grundvoraussetzung

Wie lässt sich Medienkompetenz in diesem Bereich herausarbeiten? Nun, meiner Ansicht nach ist hier grundlegend eine Medienkompetenz in zweierlei Hinsicht gefragt. Zum Einen bezieht sich diese auf den Umgang mit dem Medium Internet, es handelt sich somit um eine formal-technische Seite, sozusagen um eine Anwendungskompetenz. Zum Anderen liegt diese in der Verarbeitung der Informationen bzw. dem Zurechtkommen mit medialen sozialen Netzwerken bzw. dem Wechsel von realer zu medialer (Internet-)Welt und kann somit als mediale soziale Kompetenz bezeichnet werden.

„In der medienpädagogischen Diskussion taucht der Kompetenzbegriff erstmals auf in der Habilitationsschrift von Dieter Baacke (1973)" (Vollbrecht, 2001, S.54).

Baacke (1997) entwickelt den Begriff der Medienkompetenz aus der kommunikativen Kompetenz.

„Ebenso aber, wie wir im Alltag über eine ‚kommunikative Kompetenz' verfügen, verfügen wir heute auch über eine ‚Medien-

Kompetenz', die sich von der ‚kommunikativen Kompetenz' nur dadurch unterscheidet, dass sie nicht in Face-to-Face-Situationen stattfindet, sondern in der parasozialen Interaktion mit Medienbotschaften und ihren Trägern" (Baacke, 1997, S. 54).

Baacke (1997) impliziert hiermit eine angeborene bzw. angelernte kommunikative Kompetenz und überträgt diese auf das Medienzeitalter. Kommunikative Kompetenz wird „als angemessene pragmatische Verwendung sozialen Wissens und sozialer Fähigkeiten im Kontext einer Beziehung definiert" (Wiemann u. Kelly 1981, nach Wiemann & Giles, 1996, S. 358). Schorb (1997) sieht kommunikative Kompetenz als Fähigkeit auf Beziehungs- und Inhaltsebene, die eine Mitteilungs- und Handlungskompetenz beinhaltet, ohne jedoch allein an sprachliches Handeln gebunden zu sein. Nach Baumann (2001) meint Medienkompetenz für Baacke, dass Menschen über Medien und ihre Funktionen Bescheid wissen, ihre Leistungen kritisch einschätzen können und schließlich die Fähigkeit haben sollten, sich selbst in Medien zu artikulieren. Baacke bezieht durch die Weiterentwicklung der kommunikativen Kompetenz zur Medienkompetenz die Medien in die Kommunikationsebene mit ein und entwickelt somit einen modernen Begriff der Medienkompetenz, welcher auch im heutigen Internetzeitalter seine Anwendung findet. Medienkompetentes Handeln sollte somit im Sozialisationsprozess erworben werden. Um in unserer heutigen Medienwelt bestehen zu können, muss von Kind auf eine gewisse Medienkompetenz erlernt werden. Stengel (1996) sieht die Sozialisation hier als Ko-Evolution von Mensch und Umwelt, somit einer neuen virtuellen Welt, die den Lebensraum des Einzelnen verändert und durch ihn auch wieder verändert wird. Kafi (2000) betont, dass das Internet in technischer Hinsicht die klassischen Medien um das Element der Interaktivität erweitert und der Nutzer somit selbst aktiv tätig wird. Auch Heesen (2002) hebt hervor, dass das Internet durch seine Interaktivität eine aktive Gestaltung der Medien gemäß individueller Vorlieben, persönlicher Mobilität oder des Zeitbudgets erlaubt, und dies in einem höheren Maße als es durch herkömmliche Massenkommunikationsmittel bislang der Fall war. So betont auch Rössler (1998), dass das zentrale Kennzeichen der Online-Kommunikation einen interaktiven Anwender darstellt, welcher über seine Online-Kommunikation deren Gestalt selbst bestimmt. Doch gerade dieses selbst Aktivwerden erfordert ein Mindestmaß an Medienkompetenz. Diese stellt jedoch nicht nur eine Handlungskompetenz und somit den korrekten Umgang mit dem Medium dar, sondern muss sich auch in medienkritischem Hinterfragen und Verstehen zeigen. Mediale Welten, wie das Internet, müssen als solche verstanden werden, man muss sich darin zurechtfinden und den Übergang zur realen Welt meistern. Ben-Ze'ev (2004) sieht die virtuelle Welt jedoch nicht als völlige Nebenwelt, sondern als Teil unseres realen Alltagsgeschehens und schlägt demzufolge vor, den Vergleich real und virtuell durch on- und offline zu ersetzen, da auch die virtuelle Welt Anspruch darauf habe, als real bezeichnet zu werden. In diesem Sinne betont er des weiteren:

„Cyberspace is a part of reality; it is, therefore, incorrect to regard it as the direct opposite of real space. Cyberspace is part of real space, and online relationships are real relationships" (Ben-Ze'ev, 2004, S. 2).

Baacke (1997) differenziert Medienkompetenz in vier Unterbereiche: Medienkritik, Medienkunde, Mediennutzung und Mediengestaltung (vgl. Baacke, 1997). Selbstverständlich ist es notwendig, das Medium Internet kritisch zu begutachten. Gerade bei einem Medium, in dem eine breite Öffentlichkeit zur freien Meinungsäußerung fähig ist, müssen Medieninhalte auch kritisch hinterfragt werden. So sollte speziell beim Kennenlernen im Internet vor allem auch die Ehrlichkeit der Teilnehmer hinterfragt werden. Gerade beim Online-Kennenlernen kann oft Täuschungsversuchen, wie beispielsweise dem schon in Kapitel 2.1 erwähnten Genderswitching, begegnet werden. Hier ist es wichtig, einen kritischen Blick auf das gesamte Geschehen zu behalten. Die von Baacke (1997) erwähnte Medienkunde ist für den Umgang mit dem Medium Internet zudem ebenfalls sehr entscheidend. So sollte auf der informativen Dimension ein Grundwissen zum Medienhintergrund vorhanden sein. Jeder Nutzer sollte wissen, was ihn im Internet erwartet und wie das komplette System zusammenhängt und funktioniert. In der instrumentell-qualifikatorischen Dimension sollte der User zudem wissen, wie er den Computer bedienen kann und ebenso sicher im Internet navigieren können. Unter Mediennutzung versteht Baacke (1997) die spezielle Nutzung des Mediums, somit die Anwendung des instrumentell-qualifikatorischen Wissens. Ein User sollte rezeptiv anwendend eine gewisse Programm-Nutzungskompetenz entwickeln und bestenfalls zudem interaktiv anbietend antworten, d.h. diverse Inhalte auch online offen kommunizieren können. Gerade bei Online-Singlebörsen ist dies vor allem im persönlichen Profil möglich, hier kann in speziellen Bereichen über persönliche Einstellungen, Werte, Informationen zur Person und Fotos das Bild der eigenen Person in der Öffentlichkeit in verschiedenster Weise kreativ dargestellt werden. Dies kann man nun auch zu dem von Baacke (1997) erwähnten Bereich der Mediengestaltung zählen, einem Mitgestalten des

3. Kritische und medienpädagogische Sichtweisen der Online-Kommunikation

gemeinsam genutzten Mediums, das jedoch auch durch vorgegebene Richtlinien der diversen Plattformen an seine Grenzen stößt. Ein interaktives Anbieten und somit eigenständiges Antworten über das Medium Internet ermöglichen dem User ebenfalls die zu Anfang erläuterten Werkzeuge wie Chat, Messenger, Foren oder Online-Singlebörsen. So sieht auch Ben-Ze'ev (2004) die Interaktivität als ausschlaggebende Neuerung des Mediums Internet, das gerade dadurch in unser reales soziales Leben eingebettet wird:

„What is new about cyberspace is its interactive nature and this interactivity has made it a psychological reality as well as a social reality" (Ben-Ze'ev, 2004, S, 2).

Medienkompetenz ist somit schon allein vom formal-technischen Gesichtspunkt, die Programm-Nutzungskompetenz betrachtet, eine wichtige Grundvoraussetzung, um überhaupt am Mediengeschehen partizipieren zu können. Jedoch scheint es hilfreich, wenn sich Medienkompetenz nicht nur auf die Anwendungsseite beschränkt, sondern auch Medienkritik und eine gewisse Medienkunde umfasst. So erwähnt beispielsweise auch Rheingold (2000) die Wichtigkeit eines kritischen Umgangs mit dem Medium Internet, gerade im Zusammenhang einer Kommunikation mit Fremden. Nur ein kritischer Medienumgang könne letztendlich davor bewahren, im Internet angelogen zu werden:

"computer-mediated communications provide new ways to fool people, and the most obvious identity swindles will die out only when enough people learn to use the medium critically" (Rheingold, 2000, S. 12).

Moser (2000) macht zudem deutlich, dass eine der wichtigsten, grundlegenden Kompetenzen den Wechsel zwischen realer und virtueller Welt und somit ein Kombinieren dieser beiden Welten darstellt. Der Wechsel zwischen diesen Realitätsebenen, die damit verbundene Reflexion und das Experimentieren und Gestalten künstlerischer Realitäten sind auch für ihn die Kernkompetenzen, die wir für das Internet-Zeitalter benötigen. Schipanski (1997) spricht, im Zusammenhang mit der Vermittlung von Medienkompetenz, der Schule eine besondere Rolle zu. So sollen zum einen technische Kompetenzen wie der Umgang mit dem Computer vermittelt werden, zum anderen dürfe jedoch die Vermittlung eines aktiven und verantwortungsbewussten Umgehens mit der Informationsflut nicht vernachlässigt werden. Hier merkt auch Brehm-Klotz (1997) an, dass die Computerkultur von morgen abhängig davon sei, wie sich Jugendliche heute mit den neuen Informations- und Kommunikationsmedien befassen. In der Tat ist meiner Ansicht nach ein ständiges Lernen und somit auch eine Aneignung von Medienkompetenz von klein an in unserer heutigen Mediengesellschaft grundlegend wichtig und unerlässlich.

3.2 Realitätsflucht durch Übernahme falscher Identitäten im Internet?

Bei der Online-Kontaktschließung ist immer auch Vorsicht geboten, so können sich, gerade im Chat oder via Messenger, Personen falsche Identitäten aneignen und auf diese Weise andere Internet-Nutzer gezielt täuschen.

„Die Anonymität verleitet zum Spiel mit der Identität" (Utz, 1999, S. 19).

Jedoch ist die Kreation von verschiedenen Online-Identitäten nicht immer negativ zu betrachten. So können sich Online-Identitäten „in unterschiedlicher Weise weiterentwickeln und das Leben außerhalb des Netzes beeinflussen" (Stengel, 2002, S. 158).

Gerade Jugendliche oder schüchterne Menschen mit geringerem Selbstvertrauen können über das Medium Internet die Kontaktaufnahme mit anderen Nutzern im Rahmen sozialer Interaktionen üben. Nach Castells (2005) sind es vor allem Teenager, die über das Internet versuchen, durch Rollenspiele und Identitätsaufbau ihre Identität herauszufinden. Jedoch kann dies auch bei Erwachsenen eine wichtige Rolle spielen. So kann hier beispielsweise Kontaktherstellungsschwierigkeiten problemloser begegnet werden. Was im realen Leben anfänglich eher Überwindung kostet, ist im Internet einfach zu gestalten, da gerade durch das zu Anfang anonym und unpersönlich erscheinende Geschehen im Netz Hemmschwellen abgebaut werden können.

„Netzbeziehungen ermöglichen es den Beteiligten, ungewohnt schnell emotionale Nähe herzustellen und gleichzeitig in Reserve zu bleiben. Durch diesen Umstand eignen sie sich besonders gut, romantische und erotische Sehnsüchte zu explorieren, die im realen Leben als zu unsicher, riskant oder beängstigend erscheinen, um in die Tat umgesetzt zu werden" (Döring, 2000, S. 67).

3. Kritische und medienpädagogische Sichtweisen der Online-Kommunikation

So kann das Medium Internet gerade für unsichere Menschen als leichter Einstieg in die Kontaktaufnahme zu anderen Netzteilnehmern gesehen werden. Man kann sich hier weniger blamieren, traut sich mehr zu und muss einen *Korb* nicht unbedingt persönlich nehmen. So sieht auch Hegmann (2003) den *virtuellen Korb* als weniger schwer zu tragen. Dies ist vor allem dadurch zu erklären, dass gerade die Online-Kommunikation anfänglich anonym stattfindet und sich der Einzelne dadurch weniger persönlich angegriffen fühlen kann.

„Zu welchem Zeitpunkt und in welcher Weise man zu einer bestimmten Zielperson Kontakt aufnimmt, lässt sich bei (asynchroner) virtueller Kommunikation freier entscheiden und besser kontrollieren als beim Face-to-Face-Kontakt, ohne dass dabei jene Handlungszwänge entstehen, die oft den Kontakt hemmen. Dies kann insbesondere bei sozial ängstlichen bzw. schüchternen Personen von Bedeutung sein, da sie sich im Internet nicht bzw. weniger beobachtet fühlen und sich somit einem geringeren Bewertungs- bzw. Handlungsdruck ausgesetzt sehen" (Stengel, 2002, S.162).

Laut Stengel (2002) gibt es gerade durch Online-Erfahrungen eine Möglichkeit der Erweiterung sozialer Handlungsmöglichkeiten im realen Leben. So können Erfahrungen aus dem Netz im realen sozialen Alltagsgeschehen übernommen werden und die soziale Kompetenz des Einzelnen eventuell erweitern.

„Einerseits lösen die vom Alltagsleben abweichenden Erfahrungen, die in sozialen Kontakten im Netz gemacht werden können, Selbstreflexionsprozesse aus, andererseits können erprobte Verhaltensweisen, die mit den in der virtuellen Kommunikation herausgearbeiteten Selbst-Aspekten in Zusammenhang stehen, auch auf soziale Situationen außerhalb des Netzes übertragen werden" (Stengel, 2002, S. 158).

Bühl (2000) vertritt zudem die Ansicht, dass ein Auftreten im Netz mit anderen Identitäten ein Erleben der Geschlechterdifferenz ermögliche, so könne man virtuell erleben was es bedeutet, dem jeweils anderen Geschlecht anzugehören. Dies ist nun speziell auf den Bereich Genderswitching ausgelegt, kann jedoch auch erweitert werden, indem man ebenso andere Identitäten des eigenen Geschlechts online erprobt. So können beispielsweise auch Identitäten mit anderen spezifischen Charaktereigenschaften oder Identitäten, die anderen sozialen Schichten angehörig sind, angenommen werden.

3. Kritische und medienpädagogische Sichtweisen der Online-Kommunikation

Betrachtet man die Übernahme anderer Identitäten allerdings von einer negativeren Seite, so ist nach Thiedeke (2003) gerade der Wegfall unmittelbarer physischer Präsenz dafür verantwortlich, dass das Verhalten der Internet-User eher ungehemmter und nonkonformer zu sein scheint, da gerade durch die Anonymität soziale Sanktionen wegfallen. Wurzer (1997) erwähnt, dass Personen, die in Wirklichkeit keine bedeutende gesellschaftliche Rolle einnehmen, sich im Internet eine ganz neue Identität zulegen können. Rastetter (1996) hingegen berichtet von deutlich enthemmtem Verhalten mit offensiver Sprache, Beleidigungen und wenig sozial erwünschten Antworten in Verbindung mit dem Medium Internet. So sieht auch Ben-Ze'ev (2004) gerade durch die Anonymität des Internets gewisse Verhaltensänderungen:

„The anonymity associated with cyberspace reduces the risks of online activities. Such anonymity decreases vulnerability and the weight of social norms, and hence makes people feel safer and freer to act according to their desires" (Ben-Ze'ev, 2004, S. 20).

Jedoch wird auch im Netz einem schlechten Benehmen Grenzen gesetzt. Durch die sog. Netikette werden in den meisten Online-Portalen die spezifischen, gewünschten und nicht gewünschten Verhaltensweisen aufgezeigt. Wie bei iLove schon erwähnt, gibt es dort auch zusätzliche Schutzmöglichkeiten in Form der sog. *Schutzengel* für weibliche Teilnehmer, denen ein Missbrauch durch einem nicht der Netikette entsprechenden Verhalten einzelner Mitglieder gemeldet werden kann. Auch bei NEU.DE wird unkonformem Verhalten durch diverse Netikette-Regeln und einem Ausschluss bei Nichtbefolgen entgegengewirkt.

Neben den oben schon angesprochenen Gefahren durch gezielte Täuschung über die Annahme falscher Identitäten besteht im Internet zudem immer auch die Gefahr des Eskapismus. Nach Stengel (2002) weist Döring (1999) auf die Gefahr hin, dass Netszenarien in gewisser Weise als Gegenwelt zum Alltag der Nutzer gesehen werden können, die als Fluchtpunkt bei Problemen des realen Lebens aufgesucht werden. So können hier gezielt nicht vorhandene Phantasie-Identitäten aufgebaut werden, die den eigentlichen Charaktereigenschaften des jeweiligen Nutzers eher weniger entsprechen. Die Alltagsflucht funktioniert bei der Online-Kommunikation nun durch die Übernahme anderer Charaktere, bis hin zu dem auch schon zu Anfang in Kapitel 2.1 erwähnten Genderswitch. Der Eskapismus ist somit als gezielte Gegenwelt zum realen Alltag zu betrachten.

3. Kritische und medienpädagogische Sichtweisen der Online-Kommunikation

„Allerdings scheint dieses Phänomen weit seltener aufzutreten als Kritiker von „Netzwelten" dies konstatieren" (Stengel, 2002, S. 158).

Adis und Reinhart (1996) sehen die Realitätsflucht im Internet zudem immer als zeitlich begrenzt an, da beispielsweise Grundbedürfnisse wie Essen und Trinken durch das Medium Internet nicht befriedigt werden können.

Im Gegensatz zum Chat ist die Möglichkeit der Modifizierung einzelner Persönlichkeitsmerkmale oder die Kreation alternativer Online-Identitäten bei Online-Singlebörsen jedoch eher gering. Um in Kontakt mit anderen Nutzern zu treten und für diese interessant zu erscheinen, werden bei Single-Portalen genauere Daten zur eigenen Person angegeben, wobei diese größtenteils zusätzlich mit Fotos ergänzt werden. Selbstverständlich können sich auch hier *schwarze Schafe* aufhalten und gezielt den Versuch anstreben, andere Online-Teilnehmer zu täuschen. Doch gerade bei dem Wunsch der Erweiterung der Online-Kontakte, durch ein Kennenlernen in der realen sozialen Welt des jeweiligen Nutzers, sind falsche Angaben nicht hilfreich. Gerade hier sollte man davon ausgehen, dass die Erschaffung einer virtuellen Phantasierealität eher weniger in Anspruch genommen wird.

Die Alltagsflucht durch Aufbauen einer zweiten, virtuellen Realität, in der andere Identitäten angenommen werden, hinter denen sich der einzelne Nutzer verstecken kann, scheinen also in dem Genre Online-Singlebörse eher weniger wahrscheinlich zu sein. Doch bei jedem neuen Medium sind Befürchtungen von Kritikern nicht wegzudenken, so gibt es Kritikeinflüsse, die eine Abnahme realer sozialer Kontakte und somit ein Verstecken in der virtuellen Welt prophezeien. Es wird oft angenommen, dass Menschen, die viel Zeit im Internet verbringen, eher weniger Zeit für reale soziale Kontakte aufbringen. So sehen auch Klemm und Graner (2000) die Befürchtung vieler, direkte soziale Kontakte bis hin zur Isolation zu reduzieren und erwähnen zudem einen partiellen Realitäts- und Identitätsverlust durch das Spiel mit Pseudonymen und virtuellen Identitäten. Höflich (1998) betont jedoch, dass gerade im Zusammenhang mit dem Blick auf Isolierung oder Beziehungsentwicklung auch meist vernachlässigt werde, dass der Computer in der Regel nicht als ausschließliches Medium genutzt werde. Alte Kommunikationswege werden dadurch nicht gänzlich aufgegeben, sondern durch das Medium Internet eher noch erweitert. Van den Boom (1995) sieht die Angst vor dem Schein der virtuellen Realität darin begründet, dass die Menschen beobachten, wie sich vor ihren Augen mehr und mehr Be-

3. Kritische und medienpädagogische Sichtweisen der Online-Kommunikation

standteile der Wirklichkeit in Software auflösen. Beck, Glotz und Vogelsang (2000) kommen in diesem Zusammenhang auf sozial schädliche Wirkungen durch eine Ent-Sinnlichung der persönlichen Wahrnehmung und die damit verbundene prognostizierte Befürchtung einer Verdrängung des Gesprächs durch Medien zu sprechen. Jedoch müssen virtuelle Beziehungen nicht weniger wirklich sein, denn „Kommunikation zwischen (körperlich) nicht kopräsenten Personen ist durchaus „echte" Kommunikation, wenn wechselseitige Verständigung erzielt wird" (Beck et al., 2000, S.108). Hegmann (2003) weist zudem auf die Gefahr hin, das eigene soziale Leben gegen eine virtuelle Scheinrealität zu tauschen und somit dem sozialen Umfeld zu schaden. Jedoch sind gerade diese Kritikpunkte eher anzuzweifeln. Entgegenzustellen wäre beispielsweise die Annahme, dass mehrere Kommunikationskanäle eine Kommunikation eher erweitern und vorantreiben, jedoch nicht eine Kommunikation auf alten Wegen gänzlich eindämmen. Ben-Ze'ev (2004) spricht zwar die physische Isolation vor dem Computer an, der vorweg alleine als Kommunikationsmedium genutzt werde, jedoch sieht er gerade durch das Medium Computer bzw. Internet mehr Kontaktmöglichkeiten:

„In cyberspace people are more physically isolated – having fewer face-to-face human contacts – but they have more social connections with other human beings" (Ben-Ze'ev, 2004, S. 82).

So kann gerade die gewohnte Kommunikation durch Online-Kommunikation erweitert werden. Bereits bestehende soziale Kontakte können auch zusätzlich über das Internet verstärkt werden. Wie auch beispielsweise schon das Medium Telefon nicht die Abnahme realer Treffen gefördert hat, ist dies auch durch das Medium Internet nicht zu befürchten.

„Auf diesem Hintergrund scheinen auch die Befürchtungen, die von technikkritischer Seite angeführt werden, dass durch virtuelle Kommunikationsszenarien eine weitgehende Substitution „wirklicher" Begegnungen zwingend gefördert wird, zurückweisbar, da es wenig einleuchtend erscheint, warum die Verfügbarkeit einer zusätzlichen virtuellen Kontaktform zur Abnahme sozialer Kontakte in der Primärenrealität führen muss. Der von der Technikkritik prophezeite Ersatz der Face-to-Face-Kontakte durch virtuelle Kommunikation konnte bisher auch empirisch nicht bestätigt werden" (Stengel, 2002, S. 159).

3. Kritische und medienpädagogische Sichtweisen der Online-Kommunikation

So sieht auch Heintz (2003), dass Online-Beziehungen nicht an die Stelle realweltlicher Beziehungen treten, sondern diese im Gegenteil zusätzlich ergänzen und somit nicht zur Isolation führen. Nach Stengel (2002) geht eine Ergänzungshypothese gerade eher davon aus, dass Internetkontakte den persönlichen Bekannten- oder Freundeskreis vielmehr ergänzen bzw. erweitern, auch über nationale Grenzen hinweg. Auch Preece (2000) betont, dass Online-Kommunikation reale soziale Kommunikation nicht ersetze, sondern Möglichkeiten der Kommunikation erweitere, so beispielsweise mit weit entfernt lebenden Personen:

„Communicating via the Internet is no substitute for actual human interaction (...) But online communities do enable communication among people separated by distance, time and, to some extend, culture" (Preece, 2000, S. 28).

Gerade Internet-Kommunikation ermöglicht ein ständiges In-Kontakt-Bleiben mit Freunden, die nicht in der näheren Umgebung leben. So können über das Internet kostengünstiger als beispielsweise über das Medium Telefon, soziale Kontakte auch ins Ausland gepflegt werden. Hamman (2003) betont hier, dass viele, die gerade über den Cyberspace forschen, von einer Problemlosigkeit der Überwindung der Grenzen der Entfernung durch Computernetze berichten, sodass auch nicht selten eine Kommunikation über Tausende von Meilen hinweg stattfinde. Auch Ben-Ze'ev (2004) erwähnt gerade im Vergleich zum Fernsehen die Komponente der Interaktivität des Internets. Fernsehen führe, seiner Ansicht nach, eher zur Reduzierung sozialer Kontakte und lasse Menschen zu Hause bleiben, wobei das Internet die sozialen Kontakte eher fördere:

„Computer usage is often compared with that of television, but the similarities are superficial. Indeed, both media entail a visual screen and sound, but whereas television is essentially passive – viewers watch what is offered to them – computer communication is interactive, presenting an exchange of information and a range of social relationships" (Ben-Ze'ev, 2004, S.12).

Allerdings betont Ben-Ze'ev (2004), dass Fernsehen auch als Hintergrundmedium genutzt werden kann und somit gleichzeitige soziale Interaktion ermögliche, beispielsweise beim gemeinsamen Fernsehschauen. Online-Zeit ist nach Ben-Ze'ev (2004) zwar eine Zeit der gesteigerten Kommunikation mit Freunden und Kollegen, reduziere aber die Zeit für Familie. Das Medium Internet kann jedoch ebenfalls als Kommunikationsmedium gemeinsam genutzt werden

3. Kritische und medienpädagogische Sichtweisen der Online-Kommunikation

und muss, meines Erachtens, nicht Zeit für unmittelbare Familienangehörige reduzieren.

Krotz (1998) zieht ebenfalls den Vergleich zu sonstigen Massenmedien und betont auch den Unterschied der Interaktivität, da gerade über das Internet direkte interpersonale Kommunikation stattfinde.

Die Online-Kommunikation erweitert den Spielraum der sozialen Kontakte in einem neuen Kanal. Das Internet wird meist zusätzlich zu bereits bestehenden Kommunikationsmedien oder Face-to-Face-Kommunikation genutzt.

„Wenn überhaupt, dann scheint das Internet sich auf die soziale Interaktion positiv auszuwirken, und es erhöht eher den Kontakt mit anderen Informationsquellen" (Castells, 2005, S.134).

Man kann also annehmen, dass die soziale Kommunikation über das Netz vielmehr zu einer allumfassenderen Kontaktmöglichkeit als zur Isolation führt. So kommt auch Ben-Ze'ev (2004) wieder zu dem Schluss, dass Online-Interaktionen soziale Kontaktmöglichkeiten eher ergänzen als ersetzen.

3.3 Internetsucht

Kritisch zu sehen sind extremere Auswirkungen des Internets. Dies bezieht sich jedoch nicht speziell auf die Nutzung des Internets als Kontakthersteller, sondern auf die Internetnutzung im Allgemeinen. Gemeint ist hier die Internet-Sucht, das sog. „Internet-Abhängigkeitssyndrom (IAS)" bzw. „Internet Addiciton Disorder (IDA)" (vgl. Volz, T. (1999) nach Stengel, 2002, S. 192). Merkmale dieser Sucht „sind das starke Verlangen oder eine Art Zwang, das Internet zu benutzen. Dabei hat der Internetnutzer typischerweise eine verminderte Kontrolle über den Zeitraum, den er im Internet verbringt. Versucht er, die Zeit im Internet durch Selbstbeherrschung zu reduzieren, stellen sich Entzugserscheinungen ein" (Stengel, 2002, S. 193). So betont auch Ben-Ze'ev (2004) die Gefahren der Online-Sucht und bezieht diese speziell auf den Bereich der Online-Kontakte:

„The novelty of an online affair and the ease of inducing pleasant emotions may cause its participants to become addicted to it. This

3. Kritische und medienpädagogische Sichtweisen der Online-Kommunikation

may have serious and harmful consequences" (Ben-Ze'ev, 2004, S. 71).

Nach Stengel (2002) kann diese Sucht langfristig zu einer gewissen Realitätsflucht führen und in diesem Zusammenhang reale zwischenmenschliche Kontakte vermindern. Im schlimmsten Fall kann dies sogar in einem Ausschluss aus dem realen sozialen Leben gipfeln. Gefährlich an dieser Art von Sucht ist, dass diese von vielen nicht sofort erkannt wird. Speziell auch das soziale Umfeld des Betroffenen bemerkt dies zu Anfang meist nicht.

„Die zwanghafte Nutzung des Internet ist nicht nur unauffällig, weil sie im Verborgenen stattfinden kann, sondern bei ihr kommt begünstigend hinzu, dass die Nutzung des Internet im Allgemeinen gesellschaftlich positiv gewertet wird" (Stengel, 2002, S.193).

Ben-Ze'ev (2004) sieht ebenfalls den Punkt der positiven Bewertung der Nutzung des Internets als entscheidend an. Das Internet wird seiner Meinung nach heute von fast jedem genutzt, die Risiken seien jedoch nicht für jeden Nutzer offensichtlich. Selbstverständlich kann eine Alltagsflucht über das Medium Internet stattfinden, ob diese jedoch grundsätzlich zur Sucht weiterführt ist fraglich.

„Nur weil eine Person das Internet sehr häufig nutzt, muss ihr Handeln deshalb noch lange nicht zwanghaft sein. Aber gerade diese Zwanghaftigkeit ist eine der Grundbedingungen, damit man von einem Suchtverhalten sprechen kann" (Stengel, 2002, S. 194).

Im weiteren Verlauf möchte ich nun nicht näher auf das Thema Internetsucht eingehen. Aufgrund der mit dem Internet verbundenen Gefahren wollte ich jedoch diesen Bereich nicht gänzlich vernachlässigen.

3.4 Realitätsnähe des Online-Kennenlernens über Single-Portale?

Die Gefahr der Realitätsflucht im Medium Internet darf selbstverständlich nicht verleugnet werden. So weist auch Hegmann (2003) auf die Problematik hin, sich in einer Phantasiewelt zu verschanzen, anstatt des gewünschten Effekts, neue Menschen kennenzulernen. Jedoch ist dies meist nur eine Randerscheinung. Betrachtet man die Online-Singleportale, so fällt auf, dass hier gerade durch die Offenbarung der eigenen Person, über persönliche Daten und Fotos, das Kennenlernen durch diese Medien eher realitätsnah als eine Chat- oder Messengerbekanntschaft ist. Bevor man noch in Kontakt tritt, kann man sich auch schon über das äußere Erscheinungsbild des zukünftigen Kommunikationspartners eine Meinung bilden.

Döring (2000) sieht das Online-Kennenlernen noch aus der Chat-Perspektive und betont, in der Reihenfolge des Kennenlernens, den Austausch von Fotos als letzten Punkt bevor es zu einem Medienwechsel via Telefon oder sogar einem realen Face-to-Face-Treffen komme. Gerade hier sieht Döring drei Möglichkeiten. Bei einem Teil der Netzteilnehmer bestehe auf Anhieb eine Anziehungskraft, bei anderen komme es zu einem Arrangieren mit dem erhaltenen Foto des Kommunikationspartners, das ihnen auf den ersten Blick eigentlich eher nicht zusage, und bei einem dritten Teil entstehe laut Döring (2000) eine große Enttäuschung und gleichsam komme es zu einem schnellen Rückzug des einzelnen, von der Optik des Kommunikationspartners enttäuschten, Internetnutzers.

Doch wie schon gerade erwähnt, bieten Online-Singleportale gleich von Anfang an die Möglichkeit, die gewünschten neuen Bekannten nicht nur durch spezifische Charaktereigenschaften und Ansichten, die in den jeweiligen Profilen hinterlegt sind, zu selektieren. Gerade hier besteht, wie im realen Leben, die Möglichkeit, den Kommunikationspartner vom ersten Augenblick an auch auf visuelle Eindrücke und somit eigene äußere Vorlieben hin zu überprüfen.

All diese Faktoren tragen wohl dazu bei, dass Online-Singleportale in den letzten Jahren so populär geworden sind. Dies zeigt beispielsweise eine „Umfrage im Auftrag des Internet-Providers AOL unter regelmäßigen Internet-Nutzern", hier „erklärten 50 Prozent der Frauen und über 60 Prozent der Männer, dass sie bereits mindestens einmal ihr Profil in einer Dating-Datenbank abgelegt haben und gelegentlich in Kontaktbörsen nach neuen Bekanntschaften stöbern" (Hegmann, 2003, S.19).

So sieht auch Ben-Ze'ev (2004), dass bei Online-Bekanntschaften reale Emotionen entstehen können und diese sich in Online-Beziehungen zeigen.

Grundsätzlich sollten Medien, und in diesem Falle das Internet als Kontakthersteller, immer kritisch beleuchtet werden. Allerdings sollte man nicht immer nur negative Seiten und mögliche Gefahren vordergründig betrachten, sondern auch die neuen Chancen der Nutzung dieser Medien erkennen. Gerade für die Kontaktherstellung und den Aufbau eines medialen bzw. folgend eines realen sozialen Netzwerkes stellt das Internet eine attraktive Kommunikationsplattform dar.

Doch wie empfinden die Nutzer der Online-Singlebörsen das Kennenlernen im Netz? Kann ein Online-Kennenlernen als gleichgestellt zu einem Kennenlernen im realen Leben betrachtet werden? Werden die Online-Freundschaften auch im realen Leben gepflegt, entsteht somit aus einem medialen sozialen Netzwerk ein reales soziales Netzwerk? All diesen Fragen möchte ich nun im empirischen Teil dieser Arbeit nachgehen. Hierzu wurden jeweils einzelne Singlebörsen-Nutzer von www.ilove.de und www.neu.de befragt.

4. Empirische Untersuchung

Da ich in meiner Arbeit speziell auf die spezifischen persönlichen Erfahrungen der einzelnen Nutzer eingehen möchte, ist meiner Ansicht nach eine repräsentative quantitative Umfrage an dieser Stelle nicht angebracht. Es sollen hier nicht allgemeine oberflächliche Daten über die Nutzung der Portale erfragt werden, vielmehr interessiert mich die Einstellung und der Umgang mit diesen Medien, aus Sicht der einzelnen Nutzer. Da hier sehr viel detaillierter auf die Bedürfnisse des jeweiligen Nutzers eingegangen werden kann und es somit möglich ist, auch die Hintergründe spezifischer zu beleuchten, habe ich mich zu einer eher qualitativen Ausrichtung meiner Untersuchung entschlossen. So möchte ich herausstellen, wie das Online-Angebot von den Nutzern angenommen wird, d.h. ob die Online-Kontaktanbahnung von den befragten Personen als gleichberechtigt zu Bekanntschaften im realen Leben gesehen wird und ob die medialen sozialen Kontakte auch Anknüpfungspunkte im realen Leben der Singleportal-Nutzer gefunden haben.

Zur Befragung der einzelnen Personen wurden Fragebögen mit größtenteils offenen Fragen an die Online-Singlebörsen-Nutzer versandt. Befragt wurden 28 Personen zu ihren Erfahrungen mit dem Medium Internet als Kontakthersteller. 19 dieser Personen nutzen das Singleportal www.ilove.de, die restlichen 9 das Singleportal www.neu.de. Befragt wurden 15 männliche und 13 weibliche Nutzer. Die befragten Nutzer wurden unter den momentan online Anwesenden zufällig ausgewählt. Diese befanden sich in der Altersgruppe zwischen 18 und 34 Jahren. Selbstverständlich lassen sich bei dieser Anzahl der Befragten keine allgemeingültigen Aussagen treffen, jedoch kann gerade hier ein guter Einblick in das spezifische Nutzungsverhalten der einzelnen Nutzer gewonnen werden.

Die Fragen beinhalteten vorerst grundlegende Soziodemographische Daten wie Alter, Geschlecht und Bildungsgrad. Weitere Fragen bezogen sich auf das Freizeitverhalten, hierbei habe ich insbesondere auf das Verhältnis von Online- vs. Offline-Zeit Wert gelegt. So wurden weitere Freizeitaktivitäten genauer hinterfragt. Hier sollte herausgefunden werden, ob sich die einzelne Person eher hinter dem Medium Internet versteckt und eventuell nicht in der Lage ist, Freundschaften über die medialen Netzwerke hinaus zu knüpfen, oder ob sich die freizeitlichen Aktivitäten vielmehr auf das „reale" Leben beziehen. So kann angenommen werden, dass Personen,

4. Empirische Untersuchung

die weniger Zeit in der medialen als in der realen Welt verbringen, eher bereit sind, mediale Bekanntschaften auch auf das reale Leben auszuweiten und nicht nur in einer medialen Community zu verweilen. So stellte sich im weiteren Verlauf auch die Frage, ob online nicht nur mediale Freundschaften und soziale Netzwerke aufgebaut werden können, sondern ob diese auch ins reale Leben transportiert wurden. Hierzu waren die speziellen Erfahrungen der einzelnen Online-Singlebörsen-Nutzer ausschlaggebend. Im Hinblick auf eine Einschätzung des Stellenwerts der Online-Kontakte, also ob diese gleichzustellen sind mit einem Kennenlernen im realen Leben, wurden die befragten Nutzer zu diesem Themenpunkt ebenfalls um ihre persönliche Einschätzung aufgrund eigener Erfahrungen gebeten.

Die Aussagen der befragten Nutzer werden im folgenden Verlauf kursiv dargestellt.

4.1 Soziodemographische Einflussfaktoren

Für grundlegende Basisinformationen über die Nutzer der Online-Singlebörsen wurden zuallererst soziodemographische Daten wie Alter, Geschlecht und Bildungsgrad erhoben. Es sollte vorab herausgestellt werden, ob diese Daten einen besonderen Einfluss auf das Internetnutzungsverhalten ausüben. Spielen diese Daten eine wichtige Rolle im Zusammenhang mit der Online-Kontaktanbahnung?

Die 28 befragten Nutzer befanden sich, wie schon kurz erwähnt, in der Altersgruppe zwischen 18 und 34 Jahren. Wobei die weiblichen Nutzer zwischen 18 und 30 Jahre und die männlichen zwischen 24 und 34 Jahre alt waren. Insgesamt wurden 13 weibliche und 15 männliche Nutzer befragt. 19 der 28 Befragten nutzten die Online-Singlebörse iLove, 9 nutzten die Online-Singlebörse NEU.DE.

Einer der 28 Befragten verfügte über einen Hauptschulabschluss, 6 der 28 Befragten hatten einen Realschulabschluss, von denen 2 jedoch zusätzlich noch eine weiterführende Berufsausbildung angaben. 3 der 28 Nutzer hatten ebenfalls eine Berufsausbildung absolviert. 8 der 28 befragten Nutzer hatten Abitur, 6 der 28 Befragten hatten ein Studium abgeschlossen und 3 der 28 Singlebörsen-Nutzer verfügten über eine Fachhochschulreife. Eine Befragte gab als höchst erreichten Abschluss einen Meisterbrief an.

4. Empirische Untersuchung

Bei der Internetnutzung sowie bei der Kontaktaufnahme zu anderen Teilnehmern zeigten sich jedoch keine signifikanten Unterschiede, der Bildungsgrad hatte bei den Befragten eher geringere Auswirkungen auf das Online-Kontaktverhalten.

Wie die Hinterfragung der Internetnutzung jedoch widerspiegelte, spielt wohl eher der gewohnte Medienumgang eine entscheidende Rolle. So kann angenommen werden, dass versierte Medien-Vielnutzer und speziell Internet-Vielnutzer dem Online-Kennenlernen gegenüber aufgeschlossener sind. Dies soll nun im Folgenden näher betrachtet werden.

4.2 Internetnutzung

Das spezifische Internetnutzungsverhalten spielte als grundlegende Basisinformation eine wichtige Rolle. Hier wurden die Online-Singlebörsen-User zu ihrem persönlichen Internet-Nutzungsverhalten befragt. So sollte herausgestellt werden, inwieweit das Medium Internet bereits im Alltag der Nutzer eingebettet wurde. So kann, um eine These Dörings (2000) aufzugreifen, angenommen werden, dass Internet-Vielnutzer wahrscheinlich unbefangener mit dem Medium Internet umgehen und dadurch gewonnene mediale Freundschaften eher weniger in Frage stellen:

„Je mehr Zeit Personen im Netz verbringen, je intensiver sie sich dabei kommunikativen Tätigkeiten zuwenden und je souveräner sie netzspezifische Ausdrucksformen beherrschen, umso höher die Wahrscheinlichkeit, dass sie anderen Menschen im Netz auch auf persönlicher Ebene näherkommen oder sich sogar verlieben" (Döring, 2000, S. 53).

4.2.1 Einbettung des Mediums Internet im Alltag der Nutzer

Betrachten wir nun also zuerst einmal, inwieweit sich das Medium Internet im Alltag der Nutzer integriert hatte. Ich hatte den Nutzern hierzu die Frage gestellt, ob ihnen ohne das Internet etwas fehlen würde und wenn ja, was sie am meisten vermissen würden. Es zeigte sich, dass sich das Medium Internet inzwischen so stark in den Alltag der Nutzer eingebettet hatte, dass es von den meisten Befragten kaum wegzudenken war. 18 der 28 befragten Nutzer beantwor-

4. Empirische Untersuchung

teten die Frage *würde Dir ohne das Internet etwas fehlen?* mit ja, lediglich 10 Nutzer erwiderten nein. Doch was würde den Nutzern am meisten fehlen? So wurden hier vordergründig Kommunikationsmöglichkeiten zu Freunden oder noch Unbekannten und eine schnelle Informationsbeschaffung genannt.

Viele Nutzer befürchteten ohne das Internet eine fehlende Kontaktmöglichkeit zu Freunden und Bekannten bzw. auch zu Fremden, die über das Internet kennengelernt wurden. So meinte beispielsweise ein 25-jähriger iLove-Nutzer:

„Ohne das Internet würde mir sehr viel fehlen, Freunde die ich hier kennengelernt habe und viele schöne Erinnerungen würden mir fehlen".

Auch ein 30-jähriger NEU.DE-Nutzer gab an, ohne das Internet *„eine Möglichkeit zu kommunizieren"* zu vermissen. Ebenso erwähnte eine 23-jährige Befragte, ihr *„würde das tägliche Kommunizieren fehlen. Denn seine Freunde"* rufe *„man ja nicht täglich an oder"* besuche sie nicht täglich. Auch ein 25-jähriger NEU.DE-Nutzer meinte, ohne das Internet würden ihm *„die ganzen Kontaktaufnahmen und Unterhaltungen fehlen"*. Ein 27-jähriger iLove-Nutzer thematisierte zudem ein In-Kontakt-Bleiben mit Freunden, die im Ausland lebten, er meinte, ohne das Internet wäre es *„nicht so einfach mit Freunden im Ausland Kontakt zu halten"*. Zudem erwähnte er, das Internet wäre für ihn zusätzlich *„ein guter Zeitvertreib für Arbeitstage, die nicht so ausgefüllt"* seien. Ebenso erwähnte eine 25-jährige iLove-Nutzerin, ohne das Internet eine Kontaktmöglichkeit zu Freunden zu vermissen:

„Klar fehlt mir ohne das Internet was. Ich könnte keine Emails mehr schreiben, was eine meiner Hauptkommunikationsmöglichkeiten ist, genauso wie chatten. Viele meiner Freunde sind weiter weg, mit denen kann ich dann schnell schreiben bzw. ihnen eine Nachricht hinterlassen".

Eine 22-jährige gab zudem an, viele Menschen online kennenzulernen und ohne das Internet eine Möglichkeit für Verabredungen im realen Leben mit diesen Personen zu vermissen:

„ich beschäftige mich immer in der Schule damit und lerne dadurch viele Menschen, wenn auch oft nur ganz kurz, etwas kennen...mir würde schon etwas fehlen, weil ich dann keine Dates mehr hätte".

4. Empirische Untersuchung

Das Internet wurde jedoch nicht nur primär mit der Intention reale Treffen zu arrangieren genutzt. Online Gespräche wurden von vielen auch als gute Entspannungsmöglichkeit, um vom Alltag abzulenken, empfunden. So sah beispielsweise auch eine 24-jährige iLove-Nutzerin das Medium Internet als Möglichkeit zur Entspannung und erwähnte:

„Das Internet ist eine gute Möglichkeit für mich abzuschalten, einfach nur nett zu chatten, sich auszutauschen und Freunde zu kontaktieren wozu im realen Leben oft die Zeit fehlt. Könnte ohne das Internet auch nicht mehr leben".

Neben dem genannten Fehlen freundschaftlicher Kontakte würde das Internet jedoch nicht nur als Kommunikationsmedium, sondern auch als Informationsmedium vermisst werden. So erwähnte ein 28-jähriger NEU.DE-Nutzer:

„mir würde fehlen, dass ich mich fast ständig mit Neuigkeiten versorgen kann und dass ich mit Leuten Kontakt haben kann (E-Mail oder Chat)".

Auch eine 21-jährige Befragte gab an, ihr würde *„die Möglichkeit, über alles Infos zu bekommen"* fehlen. Ebenso sah ein 29-jähriger das Internet als *„Informationsquelle"* und meinte, im Internet finde man doch alles.

Allerdings würde das Medium Internet nicht von allen Befragten so schmerzlich vermisst werden. So erwähnte ein 25-jähriger iLove-Nutzer zwar, dass ihm *„Informationen fürs Studium fehlen"* würden, ansonsten würde für ihn jedoch *„das Leben auch ohne Internet lebenswert sein"*. Ein 27-jähriger NEU.DE-Nutzer sah das Internet lediglich als *„Zeitvertreib"* und gab an, dass es neugierig mache, jedoch würde ihm auf Dauer nichts fehlen. Bei dem Gedanken, ohne Internet leben zu müssen, erwähnte ein 29-jähriger NEU.DE-Nutzer zudem, er *„hätte mehr Zeit für die wesentlichen Dinge"*. Auch eine 29-jährige iLove-Nutzerin würde das Internet *„sicher auch nicht vermissen"*. Ein 29-jähriger NEU.DE-Nutzer meinte zudem:

„Naja, fehlen kann man nicht sagen! Nur ist das Medium Internet einfach so angesagt wie nie, deswegen ist es auch eine gute Sache, Menschen kennenzulernen".

4. Empirische Untersuchung

So würde er es zwar nicht vermissen, jedoch nutze er dieses Medium gerne um neue Kontakte herzustellen. Ein 34-jähriger NEU.DE-Nutzer sah sich jedoch lieber wieder in alte Zeiten zurückversetzt:

„Würde es keine Singlebörsen im Internet geben, dann würde es mir nicht auffallen. Ich könnte damit leben und vielleicht würden sich die ganzen Singlefrauen auch mal wieder auf die Straße trauen und das reale Leben genießen".

Gegenüber dieser Negativeinstellung gab es jedoch eine Großzahl an Nutzern, die sich ein Leben ohne das Internet nicht mehr vorstellen konnten. Das Medium Internet hatte sich mittlerweile so tief in das Leben dieser Nutzer eingebettet, dass viele Alltagsaktivitäten nur noch online erledigt wurden. So antwortete beispielsweise ein 24-jähriger NEU.DE-Nutzer auf die Frage, ob ihm ohne das Internet etwas fehlen würde:

„Ja! Ich bin Informatiker! Das Internet ist nicht mehr wegzudenken! Emails...Kontakte...ohje..., mag gar nicht dran denken".

Ebenso empfand dies eine 23-jährige iLove-Nutzerin:

„Das mag ich mir gar nicht vorstellen, denn übers Internet verschicke ich Mails an Freunde und Familie, chatte, bin bei ebay angemeldet, wo ich manchmal reinschaue. Außerdem bekomme ich viele Informationen übers Netz in kurzer Zeit und muss nicht unbedingt in Büchern nachschlagen, was ja wiederum Zeit kostet".

Ein 27-jähriger iLove-Nutzer meinte, er denke schon, dass er sich an das Internet gewöhnt habe und dass er *„sogar einige Personen vermissen würde, von denen"* er *„täglich liebe Nachrichten bekomme. Nicht zu vergessen, wie viele Informationen im Internet zu finden"* seien, die er täglich für seine *„Arbeit oder auch Hobbys brauche".* Ein 30-jähriger iLove-Nutzer meinte, dass man vor einigen Jahren auch noch ohne Internet leben konnte, es jedoch seiner Ansicht nach mittlerweile notwendig sei:

„Früher ging es auch ohne, aber der Mensch entwickelt sich nun mal weiter und es ist notwendig, weil es doch in einigen Lebenslagen hilft. Man hat doch einen viel größeren Wirkungsradius bei seiner Arbeit oder bei seiner Freizeit".

So berichtete auch eine 22-jährige, dass sie das Internet für ihre *„Arbeit für die Uni, E-Mailkontakt zu Freunden und Einkäufe bei e-*

4. Empirische Untersuchung

bay" benötige. Ein 25-jähriger NEU.DE-Nutzer erwähnte zudem, das Internet als Einnahmequelle nicht mehr aus seinem Leben wegdenken zu können. Auf die Frage, was ihm ohne das Internet fehlen würde, antwortete er:

„Geld, nachdem ich damit z.T. mein Geld verdiene."

Zudem erwähnte er den instrumentell-qualifikatorischen Aspekt medienkompetenten Handelns:

„Ohne PC/Internetkenntnisse ist man auf dem Arbeitsmarkt nicht zu gebrauchen".

So muss eine Medienkompetenz zumindest auf Anwenderseite existieren, indem gewisse PC- bzw. Internetkenntnisse als obligatorisches, grundlegendes Allgemeinwissen schon von Kindesbeinen an erworben werden sollten.

Abschließend betrachtet ist auffallend, dass sich das Internet tatsächlich in das Alltagsgeschehen der Nutzer fest eingebettet hatte, sodass dieses Medium von manchem kaum mehr wegzudenken war. Gerade die Vereinfachung vieler Alltagsaktivitäten ist wohl ausschlaggebend für die allumfassende Akzeptanz dieses Mediums. So wurde vor allem das Kontakthalten mit Freunden aus weiter entfernteren Städten oder sogar mit Bekannten im Ausland, sowie ein tägliches Kommunizieren und eine schnelle Kontaktaufnahme mit Fremden erwähnt. Vorteilhaft ist dies beispielsweise auch bei einem Ortswechsel. So kann hier bei einem Umzug in eine neue Stadt schon über das Internet Kontakt zu dort lebenden Personen aufgenommen werden. Zudem wurde immer wieder die Möglichkeit der schnellen und allumfassenden Informationsbeschaffung positiv erwähnt. Das Internet hatte als Informations- und Kommunikationsmedium einen festen Platz im Alltag der meisten befragten Nutzer eingenommen. So wurde von 18 der befragten 28 Personen genannt, dass sie sich ein Leben ohne das Medium Internet kaum noch vorstellen könnten.

4.2.2 Vergleich online und offline verbrachter Freizeit

Trotzdem sich so mancher Befragte ein Leben ohne das Internet nicht mehr vorstellen konnte, gehörte die überwiegende Freizeitgestaltung jedoch nicht ausschließlich dem Internet. Um ein gewisses Verhältnis zwischen online und offline verbrachter Freizeit herauszukristallisieren, wurden Freizeitaktivitäten der Singlebörsen-Nutzer hinterfragt. So ist die Annahme, dass Nutzer, für die das Internet kaum noch wegdenkbar wäre, ihre kompletten Freizeitaktivitäten auf dieses Medium richten, falsch. Ein Vergleich der online und der offline verbrachten Freizeit zeigte, dass hier ein recht ausgeglichenes Verhältnis herrschte. Zwar nahm die online verbrachte Zeit einen großen Rahmen ein, jedoch zeigte sich im Vergleich zur offline verbrachten Freizeit kein merklicher Unterschied. Der Zeitraum der regelmäßigen Online-Nutzung bewegte sich zwischen 1 Stunde und 24 Stunden pro Tag. Die Nutzer verbrachten im Tagesdurchschnitt ca. 5 Stunden im Netz. Allerdings ist hier zu erwähnen, dass von einigen Nutzern genannt wurde, das Internet hierbei auch für berufliche Zwecke zu nutzen. Die durchschnittliche tägliche Online-Zeit beinhaltete somit auch beruflich genutzte Online-Zeit und bezog sich nicht ausschließlich auf Online-Freizeitverhalten. So war auch ersichtlich, dass neben der online verbrachten Freizeit noch genügend Freiraum für sonstige Freizeitbeschäftigungen blieb.

Um einen Vergleich anzustreben, wie sich das Verhältnis der online verbrachten Zeit zum offline verbrachten Leben verhält, wurden die Nutzer danach befragt, wie oft sie sich online im Vergleich zu weiteren Freizeitaktivitäten aufhielten. So waren die Befragten zwischen einmal wöchentlich bis täglich online. Durchschnittlich griffen die 28 Befragten 6 mal pro Woche auf das Internet zu. Wie oben erwähnt ist hier zu berücksichtigen, dass diese online vor dem Computer verbrachte Zeit teilweise auch beruflich bedingt war. Des weiteren wurden sportliche Aktivitäten genannt. Die Befragten waren durchschnittlich 4 mal pro Woche sportlich aktiv, wobei hier 4 Befragte gar keinen Sport trieben, zwei weitere jedoch fast täglich. Zur sonstigen Mediennutzung wurde Fernsehen genannt, dieses wurde durchschnittlich 5 mal pro Woche genutzt. Zudem waren die Befragten im sozialen Umfeld sehr aktiv, trafen durchschnittlich 4 mal pro Woche Freunde und verbrachten außerdem durchschnittlich 4 mal pro Woche Zeit um auszugehen in Kinos, Discotheken, Restaurants, Bars und Clubs. Als weitere Freizeitbeschäftigung wurde von einem Teilnehmer *Angeln* und von einem weiteren Befragten noch *Kiten* genannt.

4. Empirische Untersuchung

Es konnte hier sehr schön gezeigt werden, dass trotz großer Akzeptanz des Internets und tiefer Einbettung dieses Mediums im täglichen Leben der Befragten, der Vergleich der online wie offline verbrachten Zeit recht ausgeglichen war. So wurde das Internet zwar intensiv genutzt, jedoch nahm dieses keinen merklich größeren Platz im Leben der Befragten ein, als beispielsweise die Zeit für reale soziale Kontakte. Man kann also sagen, dass das Internet auch als Kommunikationsmedium die reale soziale Kommunikation mit anderen nicht ersetzt, jedoch perfekt ergänzt. Zudem konnte gezeigt werden, dass durch das neue Medium Internet bereits bestehende Medien wie beispielsweise das Fernsehen nicht verdrängt wurden. So nahm auch die sonstige Mediennutzung einen großen Platz im Leben der befragten Online-Singlebörsen-Nutzer ein.

Um nun noch einmal die zu Anfang des Kapitels erwähnte These Dörings aufzugreifen, zeigte sich auch hier, dass gerade Nutzer, die mehr Zeit im Internet verbrachten, auch der Online-Kontaktaufnahme gegenüber aufgeschlossener waren und zudem eher versuchten, diese online geknüpften Kontakte ins reale soziale Leben zu übertragen. So fanden speziell bei Internet-Vielnutzern mehr Verabredungen mit online geknüpften Kontakten im realen Leben statt. Außerdem berichteten diese auch eher von einer Übernahme medialer Kontakte ins reale soziale Freundschaftsnetzwerk.

4.2.3 Für was wird das Internet genutzt?

Da sich das Medium Internet tief im Alltag der befragten Nutzer eingebettet hatte, stellte sich für mich auch die Frage, für welche Aktivitäten das Internet nun wirklich genutzt wurde. So nutzten 26 der befragten 28 Singlebörsen-Nutzer das Internet für Informationen, Recherche oder um Nachrichten zu empfangen. 21 Nutzer gaben an, im Internet Einkäufe zu tätigen. 26 Befragte nahmen zudem an Online-Auktionen wie beispielsweise ebay teil. Interessant zu betrachten ist, dass das Medium so stark im Alltag der befragten Nutzer integriert war, dass die von manchen noch angezweifelten Sicherheitslücken, beispielsweise bei Online-Einkäufen oder vor allem auch beim Online-Banking, für die Nutzer kein Problem darstellten. So gaben auch 20 der befragten 28 Nutzer an, Internet-Banking zu betreiben. Alle 28 befragten Nutzer empfingen wie versandten E-Mails und alle nutzten das Internet zudem, um über Chat, Messenger oder Single- bzw. Freundschaftsportale Kontakte zu knüpfen. Man sieht hier also sehr schön nicht nur den Informationscharakter

4. Empirische Untersuchung

sondern vor allem die elementare Kommunikationsfunktion des Internets. 8 der 28 Befragten nutzten das Internet zudem als Zeitvertreib beispielsweise für Online-Spiele. Eine 18-jährige iLove-Nutzerin erwähnte zudem, dass sie das Internet in der Schule benötige. Ebenso gab ein 25-jähriger NEU.DE-Nutzer an, das Internet für berufliche Zwecke bei seiner Arbeit als Webdesigner zu nutzen. Ein 26-jähriger Befragter nannte zudem als sonstige Nutzung des Internets: *„für alles eben".* Gerade auch diese Aussage belegt nun wieder, wie sehr das Medium Internet von den Befragten akzeptiert und im Alltag integriert wurde.

4.3 Spezifisches Nutzungsverhalten in den Online-Singlebörsen

Neben der allgemeinen Internet-Nutzung ist nun vor allem interessant zu betrachten, wie die Online-Singlebörsen genutzt werden. Hier zeigte sich bei der Befragung, dass der Großteil der Nutzer fast täglich mindestens einmal auf das Single-Portal zugriff. So gaben 21 der 28 befragten Personen an, täglich auf das Online-Singleportal zuzugreifen, 6 weitere Nutzer waren dort 1 mal bis ca. 5 mal pro Woche aktiv. Lediglich ein Nutzer war nicht mehr aktiv auf der Singlebörse NEU.DE suchend, da er mittlerweile seinen Single-Status aufgegeben hatte. 25 der 28 befragten Nutzer waren Singles, die seit einem Zeitraum zwischen 4 Wochen und 4 Jahren alleine lebten. 3 Nutzer waren bereits vergeben. Davon gab ein 25-jähriger NEU.DE-Nutzer an, die neue Partnerin nicht online kennengelernt zu haben, eine 29-jährige iLove-Nutzerin hatte ihren Traummann über die Singlebörse kennengelernt und eine 18-jährige iLove-Nutzerin war vergeben und suchte über iLove lediglich freundschaftliche Kontakte. Die befragten Nutzer waren seit einem Zeitraum von 2 Tagen bis 2 Jahren bei den jeweiligen Singlebörsen angemeldet. 10 Nutzer gaben an, auch in weiteren Online-Singlebörsen oder Freundschafts-Portalen aktiv zu sein, 18 der 28 Befragten nutzten lediglich die jeweilige Singlebörse. Ein 34-jähriger NEU.DE-Nutzer beispielsweise verneinte weitere Online-Singlebörsen zu nutzen, mit der Begründung:

„ich habe schon bei NEU.DE meine Probleme mit dem Massen-Angebot".

Von den 10 Nutzern, die auch andere Single- oder Freundschaftsporte nutzten, wurden folgende weitere Internetseiten für eine Kontaktanbahnung genannt:

4. Empirische Untersuchung

meetic.de, freenet-singles.de, NEU.DE (von iLove-Nutzern), single.de, vipcode.de, lakeparty.de, myflirt.de, single.de, poppen.de, heartbreaker.de, antenne.de, flirtfloor.de, foto-flirtline.de, lablue.de, mainfrankensingle.de, will-seitensprung.de, angesagter.de und pafnet.de.

Aufmerksam auf die Single-Börsen NEU.DE und iLove wurden 15 Nutzer durch Werbung, 8 Nutzer durch Empfehlungen von Freunden, Bekannten und Arbeitskollegen und 4 Nutzer durch zufälliges Surfen im Internet. Ein NEU.DE-Nutzer hatte bei einem Online-Gewinnspiel eine 6-monatige kostenlose Teilnahme gewonnen.

Die Kosten für männliche Teilnehmer der Singlebörsen NEU.DE und iLove wurden von 2 weiblichen Teilnehmerinnen und weiteren 6 männlichen Nutzern als angebracht empfunden. So meinte ein 27-jähriger iLove-Nutzer:

„ist ok, etwas billiger wäre schön".

Ein 34-jähriger NEU.DE-Nutzer merkte an, dass es auf das Ergebnis ankomme, ob die Kosten angebracht seien oder nicht:

„Es kommt auch drauf an, wer es für welchen Zweck nutzt. Die ganzen ONS Menschen kommen bestimmt auf ihre Kosten. Die ernsthaften Kontakte bzw. die seriösen Kontaktsuchenden müssen glaube ich länger suchen und geben irgendwann auf".

8 weibliche Nutzerinnen und 9 männliche Teilnehmer empfanden die Singlebörsen als zu teuer. So meinte beispielsweise eine 18-jährige iLove-Nutzerin:

„müsste ich das zahlen, wär ich schon lange nicht mehr dabei, bzw. hätte mich gar nicht angemeldet".

Ein 30-jähriger NEU.DE-Nutzer empfand die Online-Singlebörse ebenfalls als *„zu teuer für die Dienstleistung des Anbieters"* da seiner Ansicht nach der Dienst zu instabil wäre.
Eine 29-jährige merkte zudem an:

„ich finde es ehrlich gesagt zu teuer, es würden sonst glaub ich mehr Leute aktiv sein".

So kann man durchaus annehmen, dass ohne die Teilnahmekosten mit Sicherheit noch mehr männliche Teilnehmer angemeldet wären.

Jedoch befürchtete eine 22-jährige Befragte gerade hier einen gewissen Verlust der Ernsthaftigkeit der Kontaktsuchenden:

„ich finde es schon zu teuer...auf der anderen Seite, wie viele komische Typen wären sonst noch drin".

Zwei weiteren weiblichen Teilnehmerinnen war die Höhe der Kosten für männliche Teilnehmer schlichtweg egal. Eine 22-jährige betonte jedoch, würde sie die Kosten tragen müssen, wäre sie nicht angemeldet:

„mir egal, ich bin weiblich (als Mann wäre mir das zu teuer, ich würde nichts für so was bezahlen)".

4.3.1 Gründe für die Anmeldung

Was hatte die Nutzer der Online-Singlebörsen nun dazu bewegt, sich dort anzumelden? Selbstverständlich wurde hier der offensichtlichste Punkt, andere Menschen kennenzulernen überwiegend genannt. Doch suchen die Singles lediglich Abwechslung und Abenteuer oder auch ernsthafte Beziehungen und Freundschaften in den Online-Singlebörsen?

Als Grund für seine Anmeldung bei NEU.DE erwähnte ein 34-jähriger:

„Neue Medien sollte man testen/nutzen. Die Erwartungshaltung ist eher gering, aber es ist ein Versuch wert".

So hatte auch ein 25-jähriger NEU.DE-Nutzer die *„Neugier für das Medium"* als ausschlaggebenden Grund seiner Anmeldung genannt. Jedoch war es nicht nur die Neugier für das Medium Internet und im speziellen für die Online-Singlebörsen, welche die Nutzer dazu brachte, sich bei einer der beiden Singlebörsen zu registrieren. Viele Nutzer gaben an, einfach und unkompliziert schnell neue Kontakte zu suchen. Ein 27-jähriger iLove-Nutzer erwähnte beispielsweise, er *„wohne in einer Kleinstadt"* und wolle *„einfach neue Leute kennenlernen".* Ein ebenfalls 27-jähriger NEU.DE-Nutzer war umgezogen und suchte Kontakte in einer neuen Stadt. Eine 18-jährige iLove-Nutzerin meinte, sie verspreche sich nicht viel davon, *„außer neue gleichgesinnte Leute aus ganz Deutschland (rein freundschaftlich)"* kennenzulernen. Ebenso eine 23-jährige:

4. Empirische Untersuchung

„Ich möchte einfach ein paar nette Männer kennenlernen, allerdings nicht für eine Beziehung".

Eine 22-jährige meldete sich *„einfach um Leute kennenzulernen"* an und hoffte zudem, dass *„dann vielleicht mehr daraus"* werde. Auch zwei 25-jährige und eine 30-jährige hatten sich bei iLove angemeldet, um neue Leute kennenzulernen. Fünf weitere Nutzer hatten sich eher spaßeshalber bei den Singlebörsen angemeldet. So auch die Aussage eines 27-jährigen Befragten:

„War ne Spaß-Aktion mit Freunden".

Auch eine 29-jährige erwähnte, Sie wollte sich nur umschauen und die Anmeldung *„war nur Fun".* Ebenso erklärte eine 21-jährige Befragte, sie habe sich *„just for fun"* dort angemeldet. Zwei weitere Nutzerinnen gaben an, sich lediglich die Langeweile zu vertreiben. Eine 24-jährige suchte beispielsweise *„ein paar Gespräche am Abend, aber"* ein reales Treffen wäre nicht beabsichtigt. Jedoch gab es neben den „just for fun"-Usern auch Nutzer, die sich aus ernsthafteren Gründen angemeldet hatten und beispielsweise wirklich eine neue partnerschaftliche Beziehung suchten. So erwähnte ein 25-jähriger iLove-Nutzer:

„Vielleicht findet man ja doch den passenden Partner".

Ein 29-jähriger wollte umgehen, dass er seine *„nächste Partnerin auf der Straße ansprechen"* müsse. Ein 24-jähriger NEU.DE-Nutzer wollte *„kein Single mehr sein"* und auch eine 23-jährige Befragte hatte sich ebenfalls angemeldet um *„einen Partner zu finden".* Ein 30-jähriger Befragter hatte sich angemeldet um nette Leute kennenzulernen und *„vielleicht auch dabei eine neue Freundin zu finden".* Der Grund der Anmeldung eines 28-jährigen NEU.DE-Nutzers war eine *„Freundin oder Affäre zu finden"* und ein 30-jähriger NEU.DE-Nutzer wollte *„eine Frau finden, zum Poppen, im Idealfall zum Heiraten".*

Ein 26-jähriger iLove-Nutzer erklärte seine Anmeldung folgendermaßen:

„Warum meldet man sich bei einer Singlebörse an? Na ja, iLove ist von Jamba, daher auch sehr bekannt, gibt also viele Auswahlmöglichkeiten dort auch mal Leute kennenzulernen".

4. Empirische Untersuchung

Zudem gab es noch weitere aufgeschlossene Nutzer, die dem Medium Online-Singlebörse sehr offen gegenüberstanden, sich jedoch trotzdem nicht allzu viel von Ihrer Anmeldung versprachen. So gab ein 25-jähriger iLove-Nutzer an, angemeldet zu sein, *„um nette Leute kennenzulernen und vielleicht auch den Traumpartner zu finden, versprechen"* würde er sich davon jedoch nicht viel. Eine 29-jährige Befragte antwortete:

„mal sehen, ich schau mich um und wenn jemand dabei ist, mit dem ich mir mehr vorstellen kann...warum nicht".

Ebenso zuversichtlich und aufgeschlossen zeigte sich ein 29-jähriger NEU.DE-Nutzer:

„Mal sehen was sich ergibt, da ich ein offener Mensch bin".

Eine 21-jährige gab zudem an, in der Online-Singlebörse *„Bestätigung"* zu suchen bzw. zu finden.

So zeigte sich, dass nicht alle Nutzer gleiche Herangehensweisen oder Intentionen bei der Nutzung der Online-Singlebörse hatten. Alle jedoch waren dem Medium Internet und den Online-Singlebörsen gegenüber sehr aufgeschlossen und neugierig auf das Medium. Interessant zu betrachten ist zudem, dass gerade eine 29-jährige Nutzerin, die sich lediglich zum Spaß angemeldet und sich nicht wirklich viel von Ihrer Anmeldung versprochen hatte, Ihren Traumpartner über iLove fand.

4.3.2 In welcher Form waren die Nutzer aktiv?

Wie nutzten die Befragten nun die Online-Singlebörsen? Waren sie selbst aktiv oder wurden sie lediglich angesprochen. Grundlegend wurden online einzelne Profile angeschaut, aktiv Personen per kurzer E-Mail-Botschaft kontaktiert oder es wurden auch direkte Chat-Funktionen der Seite genutzt. Einige Teilnehmer nutzten die Singlebörse eher passiv-betrachtend und ließen sich lediglich von anderen ansprechen, vermieden es jedoch, selbst aktiv auf andere zuzugehen. So auch eine 29-jährige:

"Bin eigentlich einfach nur online (...) ich brauch nicht wirklich aktiv sein, genug Leute chatten oder schreiben mich an".

Auch eine 24-jährige berichtete, sie lasse sich nur anschreiben. Ebenso erklärte ein 27-jähriger iLove-Nutzer, er würde meist nur Anfragen beantworten, jedoch *"manchmal auch selbst Leute anschreiben"*. Ein 25-jähriger iLove-Nutzer gab an, einfach nur zu schauen und gelegentlich auch einmal zu schreiben. Der größte Teil der Nutzer loggte sich in die Singlebörse zum Chatten als Zeitvertreib ein. Beispielsweise gab auch eine 30-jährige an, sich *"einfach nur unterhalten"* zu wollen. Zudem wurden auch kurze E-Mail-Nachrichten versandt bzw. empfangene Post beantwortet. So erklärte eine 18-jährige ihr Nutzungsverhalten folgendermaßen:

"schauen wer geschrieben hat, kurz antworten, wenn mich jemand anschreibt, vielleicht kurz chatten, aber des war's dann auch (suchen tu ich nur wenn mir sehr langweilig ist) und meistens mach ich dann doch lieber was mit „realen Menschen" anstatt mit „virtuellen"".

Auch eine 23-jährige berichtete ähnliches:

"Ich schaue zuerst ob ich Post bekommen habe, dann gucke ich mir die Bilder an und meistens chatte ich dann oder schreibe Mails".

Ein 29-jähriger erzählte, er würde vorweg diejenigen kontaktieren, die schon einmal auf sein persönliches Profil geschaut hatten, jedoch nicht aktiv nach weiteren Personen aus der näheren Umgebung suchen:

"ich gucke wer sich auf meine Visitenkarte geklickt hat und wenn auch von meiner Seite Sympathie entsteht, maile ich etwas".

Ein 26-jähriger ging hier jedoch weiter und suchte aktiv nach neuen Bekanntschaften:

„ich schaue mir die Profile in meiner Nähe an, wenn mir jemand gefällt, denn schreib ich sie an, es sei denn, sie macht schon vom Profil her einen eingebildeten Eindruck".

Ein 27-jähriger iLove-Nutzer erklärte zudem:

„meistens schreibe ich den Leuten, die ich bereits kenne, ansonsten blättere ich durch und wenn mir eine Frau (meistens durch ihre Angaben) besonders ins Auge sticht, schreibe ich ihr. Wenn ich angeschrieben werde antworte ich in der Regel auch".

Ein 34-jähriger NEU.DE-Nutzer ging hier jedoch noch aktiver auf die Suche:

„ich klicke wie wahnsinnig herum, lese die Profile und schreibe ab und zu mal einen Satz. Lange Geschichten oder Texte schreibe ich nicht. Ich halte es für sinnlos. Wenn man das Interesse geweckt hat, dann kann man sich auch treffen. Wenn das schon einen überfordert, dann sollte man es gleich bleiben lassen".

So erwähnte auch ein 30-jähriger NEU.DE-Nutzer, dass er aktiv Frauen anschreibe um mit diesen zu *„tratschen"*, genauso wie auch ein 25-jähriger iLove-Nutzer angab, Nachrichten zu *„schreiben und ab und zu mal zu chatten"*. Jedoch gingen nicht nur Männer aktiv auf andere zu, die Initiative kam auch teilweise von weiblicher Seite. So gab eine 21-jährige an:

„ich sehe mir Profile an und bei Gefallen, schreibe ich diejenigen an".

Eine 25-jährige erklärte ihr Online-Verhalten in ähnlicher Form:

„Leute, wo mir das Profil zusagt anschreiben und eventuell kennenlernen".

Trotz eines vermehrten Aktivwerdens auf weiblicher Seite waren es jedoch überwiegend Männer, die aktiv auf andere zugingen. Nur eine der 13 befragten Frauen gab an, ausschließlich andere anzusprechen und selbst nicht angesprochen zu werden. 6 der 13 weiblichen Befragten gingen entweder aktiv auf andere zu oder wurden angesprochen, weitere 6 Frauen ließen sich nur ansprechen und

4. Empirische Untersuchung

wagten kein eigenständiges In-Kontakt-Treten. Von den 15 befragten Männern gaben 6 an, nur selbst aktiv zu sein, 9 wiederum wurden zum aktiven Kontaktieren zusätzlich auch angesprochen. Keiner der Männer jedoch gab an, nur angesprochen und nicht selbst aktiv zu werden. So erwähnte ein 28-jähriger:

„ich habe etwas mehr Leute kontaktiert als umgekehrt".

Es zeigt sich, dass Männer hier eher den aktiveren Part übernehmen, wobei es im Medium Internet auch den Frauen einfacher fällt, andere anzusprechen. Näheres dazu jedoch in Kapitel 4.4.1.

4.3.3 Online-Singlebörsen vs. Chat, Foren und Messenger

Es ist zudem nicht nur interessant zu betrachten, wie die Nutzung der Online-Singlebörsen aussieht, sondern ob zusätzlich auch weitere Möglichkeiten der Kontaktaufnahme in Betracht gezogen werden. So war für mich vor allem wichtig, wie die Nutzer die Singlebörsen im Vergleich zu Chat, Foren oder Messengern einschätzten. Ist es über diese Wege besser oder einfacher Menschen kennenzulernen oder sind diese Kontakte eventuell eher oberflächlicher Natur? Hierzu stellte ich die Frage, ob ein Kennenlernen über Chat, Foren und Messenger nach Einschätzung der Nutzer besser oder schlechter als Singleportale empfunden wurde um andere kennenzulernen. Es zeigte sich schnell, dass Chat-Räume und Messenger eher der schnelleren jedoch auch oberflächlicheren Kommunikation dienten.

Lediglich 8 der 28 Befragten nutzten zusätzlich zur Online-Singlebörse auch Chat, Foren oder Messenger um Kontakte zu knüpfen. 20 der 28 befragten Nutzer suchten ausschließlich auf der jeweiligen Online-Singlebörse Kontakt. Von den genutzten Messengern wurden die schon in 2.2 erläuterten Messenger wie MSN, Yahoo, ICQ und AIM genannt. Ein Nutzer gab zudem an, „eine Zeit lang bei Radio7 gechattet" zu haben, ein weiterer war auf dem Kommunikationsportal pafnet.de aktiv und von einem 25-jährigen NEU.DE-Nutzer wurde noch das Karrierenetzwerk OpenBC genannt.

Im Vergleich der Online-Singlebörsen mit Chat, Foren und Messengern wurde oft beklagt, dass im Chat oder über Messenger nicht so deutlich ersichtlich ist, wer sich hinter den verschiedenen Pseudonymen verbirgt. So erwähnte ein 25-jähriger NEU.DE-Nutzer:

4. Empirische Untersuchung

„Chats und Foren sind schlechter, da zu anonym. Viele tendieren dazu sich hinter der Anonymität zu verstecken und sich vollkommen anders darzustellen".

Ebenso meinte auch eine 25-jährige Befragte:

„Chat und Foren sind irgendwie unpersönlicher, zu viele Fakes".

Auch ein 30-jähriger iLove-Nutzer sah in Chat-Räumen eher einen größeren *„Blöff-Faktor".* Eine 22-jährige iLove-Nutzerin empfand zudem die Anzahl der Nutzer in Chat-Räumen als unüberschaubar und schlechter für ein Kennenlernen, da dort *„zu viele Menschen auf einmal"* wären. Ein 27-jähriger beklagte den geringen Informationsgehalt in Chat-Räumen und sah diese als *„schlechter, da weniger Info über den anderen"* zur Verfügung stehe.

Eine 25-jährige iLove-Nutzerin empfand zudem die Möglichkeit, die Freunde des Kommunikationspartners bei iLove kennenlernen zu können, als positiv:

„ich finde es lustiger, im Portal Leute kennenzulernen, da man ihre Freunde anschauen kann".

Foren wurden, wie auch schon unter 2.5 erläutert, eher zur Informationsbeschaffung bzw. zum Informationsaustausch und weniger zur Kontaktanbahnung genutzt. Dies bestätigte auch ein 27-jähriger iLove-Nutzer. Er gab an, noch ein Forum für berufliche Zwecke zu besuchen, jedoch gehe *„es nicht darum Leute kennenzulernen, sondern um Meinungs- und Erfahrungsaustausch".* Chat-Räume sah er zudem als *„noch anonymer als Single-Portale",* was er nicht gerade als Vorteil empfand. Jedoch erwähnte er zudem, dass *„man sich bei solchen Portalen auch nicht sicher sein"* könne, dass alles der Wahrheit entspreche. So war sich auch eine 29-jährige iLove-Nutzerin über die Ernsthaftigkeit der Teilnehmer der Online-Singlebörsen nicht ganz sicher. Sie sah keinen Unterschied zwischen Singlebörsen und Chat-Räumen:

„denn in den Chats und Foren tummeln sich genauso viel „kaputte", wie in den Singlebörsen".

Eine 23-jährige sah, im Hinblick auf ein Kennenlernen, Online-Singlebörsen *„weder besser noch schlechter"* als Chat-Räume, Messenger oder Foren.

4. Empirische Untersuchung

Ein 29-jähriger NEU.DE-Nutzer sah Chats hingegen als zu oberflächlich und erwähnte, dass dort seiner Ansicht nach *„keine dauerhafte Beziehung möglich"* wäre. Ebenso betonte ein 34-jähriger NEU.DE-Nutzer, dass Chats und Foren *„keine Basis für dauerhafte Kontakte"* seien. Er sah darin *„eher ein Zeitvertreib und für viele lediglich eine Selbstbestätigung"* wandte jedoch ein, dass es *„für erste Kontakte sicherlich sehr gut"* sei, wenn man sich gleich treffe *„und sich nicht virtuell einen Wunschmenschen"* zimmere.

Positiv wurden dagegen im Hinblick auf ein Kennenlernen immer wieder die Online-Singlebörsen erwähnt, da dort schon von vornherein spezifische Daten über die Person, meist auch in Verbindung mit einem oder mehreren Fotos, vorhanden seien. So betonte ein 25-jähriger iLove-Nutzer zudem, dass man bei Singleportalen genau wisse, was man will:

„man sucht einen Partner, bei Chat oder Foren bleibt es meistens nur bei ner Unterhaltung".

Auch eine 29-jährige Befragte sah den Chat eher als Zeitvertreib und *„würde ein Singleportal vorziehen um jemanden kennenzulernen"*.

Eine 23-jährige iLove-Nutzerin meinte jedoch, sie würde *„den Chat gar nicht so übel"* finden, da man dort auf schnelle Weise klären könne *„ob man ungefähr auf der selben Wellenlänge"* liege. Auch eine 18-jährige sah positiv am Chat, dass man dort *„eben auch gleich Leute"* finde, *„mit denen man sich (wegen gleichen Interessen, gleichem Musikgeschmack oder so)"* verstehe. Trotzdem gab sie allerdings an, Singlebörsen vorzuziehen, da man sich dort aussuchen könne, *„wem man zurückschreibt und viele eben auch Fotos von sich drin"* hätten. Ein 30-jähriger NEU.DE-Nutzer sah zudem bei Single-Portalen *„die Chance größer, Gleichgesinnte zu finden"*.

Messenger wurden eher für ein weiteres Kontakthalten verwendet, um jedoch neue Kontakte zu suchen, wurden die Single-Portale mit Ihren ausführlichen Informationen zu den einzelnen Personen bevorzugt. So erwähnte beispielsweise eine 24-jährige, sie nutze zwar den MSN oder den Yahoo-Messenger, jedoch seien dort *„nur Freunde eingetragen"*, die sie schon kenne. Um neue Leute kennenzulernen sah sie eher Vorteile in den Singlebörsen, da dort ein ausführliches Profil darüber Auskunft gebe, ob einem das Gegenüber *„als Chatpartner"* zusage.

So wurde in den Chat-Räumen und über Messenger zwar ein schnelleres In-Kontakt-Treten erwähnt, jedoch wurden von den meisten Nutzern über Oberflächlichkeit und eine zu große Anonymität, verbunden mit einer größeren Angst, angelogen zu werden, berichtet. Positiv gesehen wurde, dass im Chat oder über einen Messenger der Kontakt eher einen Gesprächscharakter widerspiegele, allerdings wurden hier spezifische Hintergrundinformationen zum jeweiligen Gesprächspartner vermisst, die in Online-Singlebörsen vorab eingesehen werden konnten. Messenger wurden dementsprechend eher zur Weiterführung von Kontakten und zum In-Kontakt-Bleiben mit Freunden auf der ganzen Welt verwendet. Foren wurden, wie schon angenommen, lediglich zum Informationsaustausch genutzt. So waren sich die Nutzer doch letztendlich einig, dass für ein ernsthaftes Kontaktsuchen die Online-Singlebörsen, mit all ihren Informationen und Fotos in den jeweiligen Profilen, hilfreicher waren, als ein Kennenlernen im Chat-Raum oder über Messenger.

4.4 Kennenlernen online vs. Offline

Betrachtet man das Online-Kennenlernen im Vergleich zu einem Kennenlernen im realen Leben, so stellt sich die Frage, ob beide auf gleiche Ebene gestellt werden können. Welche Unterschiede bzw. Vor- und Nachteile sehen die Nutzer in einer Online-Bekanntschaft im Vergleich zu einem realen Kennenlernen? Als erstes war für mich nun ausschlaggebend, wie das Kennenlernen in den Online-Singlebörsen zustande kommt. Ist dieses vergleichbar mit einem Kennenlernen im realen Leben? Hier spielte vor allem auch die Frage eine Rolle, wer denn nun wen anspricht und somit aktiv auf andere zugeht. Zudem war wichtig zu erfahren, wie die Nutzer das Kennenlernen online einschätzten. Empfanden sie es einfacher oder schwieriger online Menschen kennenzulernen? Was macht eine Kontaktaufnahme online gegenüber einem Offline-Kennenlernen so interessant und wo können Probleme oder gar Enttäuschungen auftreten?

4.4.1 Kontaktherstellung

Zum einen stellte sich die grundlegende Frage, wie denn im Medium Online-Singlebörse neue Bekanntschaften geknüpft wurden. So war hier deutlich erkennbar, dass ein Online-Kennenlernen spezifische Grundcharakteristika eines Offline-Kennenlernens widerspiegelt. Zwar gaben hier, wie schon in 4.3.2 erwähnt, mehr weibliche Teilnehmerinnen an, online eher aktiv auf andere zuzugehen als im realen Leben, trotzdem ließen sich immerhin 6 der befragten 13 Nutzerinnen lediglich ansprechen, wurden jedoch nicht selbst aktiv. Männer hingegen übernahmen eher den aktiven Teil, so gingen 6 der 15 befragten Singlebörsen-Nutzer nur auf andere zu, ohne selbst angesprochen zu werden. In diesem Zusammenhang beklagte ein 29-jähriger NEU.DE-Nutzer:

„Angesprochen wurde ich noch nicht"

Ebenso die Aussage eines 34-jährigen Befragten:

„Man muss schon aktiv sein, aber bisher ist das Ergebnis bescheiden".

Auch ein 27-jähriger teilte mit, dass er immer selbst anspreche, aber nie von anderen Anfragen erhalten habe. Allerdings gaben auch 9 der 15 befragten Männer an, schon einmal von einer Frau kontaktiert worden zu sein. Jedoch wurde immer wieder beklagt, dass ein In-Kontakt-Treten doch eher von männlicher Seite übernommen werden musste. So auch ein 30-jähriger iLove-Nutzer:

„Ich wurde auch von Frauen angesprochen, nur zum Großteil ist es doch eher so, dass die Männer die Frauen kontaktieren".

Ebenso empfand dies ein 25-jähriger NEU.DE-Nutzer:

„Wie im realen Leben wollen Mädels angesprochen werden, nicht umgekehrt".

Dass die Übernahme des aktiven Parts nicht von allen männlichen Online-Singlebörsen-Teilnehmern als positiv betrachtet wurde, zeigt zudem die Aussage eines 26-jährigen:

"Na ist doch klar, dass bis auf ein paar kleine Ausnahmen, ich immer die Mädels ansprechen muss. Die deutschen Frauen sind eben viel zu prüde, schüchtern, verklemmt oder eingebildet!"

Man könnte also sagen, dass das Flirt-Verhalten in Online-Singlebörsen ein Verhalten im realen Leben widerspiegelt, welches dem männlichen Geschlecht traditionell den aktiveren Part zuteilt. Trotzdem scheint es online einfacher zu sein, auf andere zuzugehen. So beantworteten 21 Nutzer die Frage *ist es einfacher, im Internet Menschen kennenzulernen als im realen Leben?* mit ja. Lediglich 6 Befragte empfanden ein Kennenlernen im realen Leben als einfacher, eine befragte Person konnte dies nicht genau definieren und empfand ein Online-Kennenlernen als *"ganz was anderes, einfach anonymer"*.

4.4.2 Online Hemmschwellen überwinden

Die Befragten waren sich meist einig, was die Vor- und Nachteile des Online-Kennenlernens betraf. Positiv gesehen wurde am Medium Internet als Kontaktvermittler, dass hier auch gerade schüchterne Menschen eher Hemmschwellen überwinden und offener auf andere zugehen können. So erwähnte auch eine 22-jährige Befragte, online eher auf andere zuzugehen, da sie im realen Leben *"nie einen Mann anreden"* würde, online stelle dies jedoch kein Problem für sie dar. Eine 24-jährige iLove-Nutzerin empfand es ebenfalls einfacher, online Menschen kennenzulernen, da man online *"keine Hemmungen wegen seines Aussehens"* haben müsse und man *"nicht direkt mit den Leuten konfrontiert"* sei. Auch ein 27-jähriger Singlebörsen-Nutzer sah ein Online-Kennenlernen für manche Menschen als unproblematischer:

"Es gibt sehr viele Leute, die im realen Leben erhebliche Probleme haben, jemanden anzusprechen. Da ist das Internet sicher einfacher".

Jedoch gab es auch gegenteilige Ansichten, so sagte ein 25-jähriger iLove-Nutzer, er empfinde ein Kennenlernen im Netz nicht unbedingt als einfacher, *"mit dem dementsprechenden Selbstvertrauen"* gehe das im realen Leben genauso gut. Trotzdem zeigte sich, dass die Mehrheit der Befragten Online-Kommunikation zur Kontaktherstellung einfacher empfand, als ein Kennenlernen im realen Leben. So sah es auch ein 30-jähriger iLove-Nutzer als *"Vorteil: auch schüch-*

terne Menschen" könnten *„hier leichter Leute kennenlernen"*. Ebenso die Meinung einer 29-jährigen:

„es ist einfacher, die Hemmschwelle ist niedriger".

Als Nachteil sah sie jedoch, dass man das, durch das Internet Gewonnene, auch schnell wieder verlieren könne.

4.4.3 Die Leichtigkeit online Absagen zu erteilen

Negative Bekundungen wie beispielsweise Absagen wurden von vielen Befragten online als angenehmer empfunden. Es ist für viele online einfacher, abgewiesen zu werden und somit auch leichter für den Einzelnen, auf andere zuzugehen. Dies betonte beispielsweise ein 25-jähriger iLove-Nutzer:

„Ich finde wenn man ne Abfuhr hier bekommt, ist es nicht so schmerzhaft und peinlich wie im realen Leben, wenn man der Person gegenüber steht".

Ebenso sah dies auch ein 27-jähriger NEU.DE-Nutzer:

„in der Disco ist es schwieriger, weil es mehr aufs Ego geht, dort einen Korb zu bekommen".

Immer wieder wurde auch in diesem Zusammenhang über eine geringere Hemmschwelle und eine größere Offenheit gegenüber den anderen Teilnehmern berichtet. Ein 30-jähriger iLove-Nutzer empfand ein Online-Kennenlernen einfacher,

„weil die Hemmschwelle wesentlich geringer ist und wenn die angesprochene Person nicht reagiert, ist schon alles gesagt".

Jedoch nicht nur Absagen empfangen, auch Absagen erteilen scheint online mit einer größeren Leichtigkeit zu funktionieren, so berichtete auch eine 21-jährige iLove-Nutzerin, dass es online einfacher wäre, da man den Menschen bei einer gewissen Antipathie leichter aus dem Weg gehen könne. So auch die Aussage einer 29-jährigen:

„wenn man keine Lust mehr hat, bricht man das Gespräch/den Kontakt ab. Ist im realen Leben manchmal nicht so einfach".

Ein 25-jähriger Befragter erwähnte zudem eine gewisse Distanz der Online-Singlebörsen-Teilnehmer:

„Wenn einem derjenige nicht passt, dann schreibt man einfach nicht mehr. Es wird meiner Meinung nach keine engere Bindung eingegangen. Man behält immer noch einen gewissen Abstand zur jeweiligen Person".

Hat man online eine Abfuhr bekommen, so kann man sich zudem auch gleich auf die Suche nach einem neuen potentiellen Partner machen, da online grundsätzlich mehr Suchende komprimiert auf einer Internetplattform vorhanden sind. Dies merkte beispielsweise auch eine 25-jährige Befragte an:

„man kann online wie offline extrem schummeln, oder sich mal nen Korb einholen...im Netz kann man dafür aber schnell weitersuchen...was in real net so fix geht".

4.4.4 Interessenabgleich vorab online

Positiv betont wurde bei den Online-Singlebörsen immer auch ein schnelleres Kennenlernen mit vorherigem Interessenabgleich. So erklärte eine 23-jährige:

„Für mich ist das einfacher. Denn im Netz geht das einfach schneller und es kann sofort geklärt werden, was man will oder nicht".

Hier wurde von vielen positiv gesehen, dass bei einem Kennenlernen im Internet schon vorab gewisse Bereiche abgedeckt werden können. Dies wurde auch von einer 22-jährige iLove-Nutzerin positiv erwähnt:

„die ganzen groben Dinge wie Alter usw. weiß man vorher schon...find ich persönlich sehr praktisch".

So ist es bei einem Online-Kennenlernen möglich, schon vor einem realen Treffen, gewisse Grundeinstellungen und Charakteristika des Gegenübers sowie dessen Interessen und Hobbies genauer zu hinterfragen und mit eventuellen, nicht gewünschten Eigenschaften abzugleichen. Eine 23-jährige Befragte stellte dies auch als positiven Aspekt der Singlebörsen heraus:

„In Singlebörsen kann man nach Interessen und auch Fotos aussuchen. Im realen Leben kann man nicht immer nach den gleichen Interessen suchen".

Ähnlich sah dies eine 24-jährige:

„Vorteil einer Börse ist, dass man im Profil schon schauen kann, was den anderen ausmacht (vorausgesetzt es ist gut ausgefüllt) anstatt im realen Leben in der Bahn z.B.".

Immer wieder wurden von Nutzern die positiven Seiten eines Vorab-Interessenabgleichs im Internet thematisiert. Ein 25-jähriger NEU.DE-Nutzer sah im Hinblick auf die online vorhandenen Daten über die einzelnen Personen den Vorteil, dass die *„Rahmendaten bereits im Vorfeld bekannt"* und zudem *„nur Singles online"* seien und es somit leichter wäre, *„in Kontakt zu kommen"*. Eine 29-jährige erwähnte, dass sie den Vorteil darin sehe, dass man nicht sofort direkten Kontakt habe und *„sich erst mal abtasten"* könne. Ein 28-jähriger NEU.DE-Nutzer empfand zudem positiv, dass es in den Online-Singlebörsen *„viel mehr Leute auf einem Haufen"* gäbe, die Hemmschwelle online sehr viel geringer wäre und zudem eine *„gute Eingrenzung auf den eigenen Geschmack durch sortieren"* in der jeweiligen Suchanfrage der Singlebörse ermöglicht würde.

Lediglich eine 18-jährige iLove-Nutzerin empfand dies gegenteilig und sah in der Datenfülle der Online-Singlebörsen eher als Nachteil, *„dass einem durch das ausführliche Profil schon viel zu viel vorweggenommen"* werde.

Der Online-Interessenabgleich wurde jedoch von den restlichen Befragten eher als angenehm empfunden und stellte offensichtlich eine positive Erweiterung zu einem Kennenlernen im realen Leben dar, da hier in kurzer Zeit schon online vorab geklärt werden konnte, ob das Gegenüber gleichinteressiert und damit verbunden eventuell eher sympathisch wirkte.

4.4.5 Enttäuschungen bei einem realen Treffen?

Viele Nutzer empfanden es einfacher, online ins Gespräch mit anderen zu kommen, allerdings wurden auch die Qualität der Online-Bekanntschaften und eine gewisse Oberflächlichkeit im Internet beklagt. So meinte beispielsweise ein 34-jähriger NEU.DE-Nutzer:

„Lieber nur eine real kennenlernen als 10 virtuell".

Negativ empfunden wurde zudem die Tatsache, dass sich hinter einer Online-Identität eine ganz andere Person verbergen könne. Jedoch muss dies nichts mit Genderswitching oder einer Übernahme falscher Charaktereigenschaften zu tun haben. Auch allein die Tatsache, dass ein Mensch nicht dem, durch die Online-Freundschaft im Internet über Tage oder Wochen gemachten, Bild entspricht. Dies wurde beispielsweise von einem 27-jährigen iLove-Nutzer thematisiert:

„Es ist etwas seltsam, wenn man sich dann das erste Mal trifft. Man weiß schon ziemlich viel über Interessen, Vorlieben, das Umfeld oder auch Probleme, die diese Person hat ohne vorher mal das Gesicht (außer dem Foto) gesehen zu haben. Mir ist es noch nicht passiert, aber ich kann mir gut vorstellen, dass manche etwas enttäuscht von ihrem Gegenüber sind. Das ist wohl der große Nachteil an der ganzen Geschichte".

Ebenso nachteilig erwähnte ein 25-jähriger NEU.DE-Nutzer in diesem Zusammenhang eine *„oft beschönigende, verzerrte Selbstdarstellung"* in den persönlichen Profilen der Online-Singlebörsen-Nutzer, die seiner Ansicht nach zu *„Enttäuschungen bei Treffen"* führe. So sah auch ein 24-jähriger NEU.DE-Nutzer das Online-Kennenlernen als *„unproblematisch, einfach, ohne Hemmungen"* empfand es jedoch als großen Nachteil von Online-Singlebörsen, dass man *„die Person nicht real"* erlebe. Auch ein 28-jähriger NEU.DE-Nutzer empfand, online *„kein reales Bild von jemandem (Gestik, Mimik)"* zu haben und sah aus diesem Grunde die *„Gefahr der Enttäuschung bei einem realem Date".* Eine 29-jährige iLove-Nutzerin thematisierte zudem die oft beschönigende Wirkung mancher Fotos der Singlebörsen-Teilnehmer:

„Auf Fotos sehen manche Menschen sehr viel anders aus, als wenn sie dann vor einem stehen. Sollte prinzipiell egal sein, wenn man sich sympathisch ist, aber wem ist das egal? Ich kenne keinen".

4. Empirische Untersuchung

Online besteht in den Singlebörsen somit die Möglichkeit, potentielle Partner nach gewünschten Charaktereigenschaften oder physischen Erscheinungsmerkmalen zu suchen, jedoch zeigt sich, dass es bei realen Treffen leider oft auch zu Enttäuschungen kommt. So fasste dies ein 30-jähriger NEU.DE-Nutzer abschließend folgendermaßen zusammen:

„Schnelle intellektuelle Sympathie schafft falsche Hoffnungen, die das Kleinhirn beim ersten Treffen mit Nichtkompatibilität zerstört".

Jedoch sah er ein *„schnelles unkompliziertes Kennenlernen"* auch als positiv.

4.4.6 Kennenlernen online einfacher?

Wie schon unter 4.4.1 erwähnt, gaben 21 der 28 Nutzer an, online weniger Schwierigkeiten zu haben, andere Menschen kennenzulernen. Doch was genau sind die Gründe dafür und welche eventuellen Probleme treten bei einer Kontaktaufnahme online auf? Immer wieder wurde von den Online-Singlebörsen-Nutzern genannt, dass sie online lockerer, offener, spontaner oder unbefangener auf andere zugehen konnten. So beispielsweise die Aussage einer 21-jährigen iLove-Nutzerin:

„Man ist spontaner und lockerer"

Als weiteren Vorteil sah ein 27-jähriger NEU.DE-Nutzer *„die Anonymität, die einen sehr schnell offen erzählen"* lasse. Diese Aussage bestätigt nun auch wiederum meine zu Anfang gehegte These, dass online schneller und offener aufeinander zugegangen wird, man gibt teilweise mehr von sich preis, als dies bei einem traditionellen Kennenlernen im realen Leben der Fall wäre. Trotz eines offeneren, spontaneren aufeinander Zugehens erwähnte eine 22-jährige iLove-Nutzerin jedoch:

„es geht meist lockerer zu, aber real ist mir lieber".

Selbstverständlich kann ein zu schnelles preisgeben von persönlichen Informationen durch eine realisierte Offenheit und einen lockeren Umgang auch negativ empfunden werden. Vorteilhaft hingegen wurde von einer 23-jährigen iLove-Nutzerin gesehen, *„dass man schneller Menschen kennenlernen"* könne und dies *„auch ohne gro-*

ßen Aufwand" geschehe. Nachteilig erwähnte sie jedoch auch eine empfundene Ungewissheit:

"Es gibt leider auch Spinner im Netz, die sich dann anders verhalten, als sie sich im Netz gegeben haben".

So wird hier das zu Anfang schon diskutierte Verhalten, einer Übernahme anderer Charaktere und somit eine Verschleierung der eigenen Persönlichkeit, angesprochen. Dass dies jedoch nun bei einem anschließenden Kennenlernen im realen Leben nicht gerade vorteilhaft auf die neu gewonnene Bekanntschaft wirkt ist offensichtlich. So wurde immer wieder von den befragten Nutzern erwähnt, dass leider auch viel zu viele Internet-Nutzer ein falsches Spiel trieben. So beklagte beispielsweise eine 30-jährige Singlebörsen-Nutzerin:

"Hier wird man oft angelogen, das ist negativ".

Auch ein 34-jähriger NEU.DE-Nutzer fasste seine Erfahrungen wie folgt zusammen:

"Internet schneller und oberflächlicher. Reales Leben schwieriger aber ehrlicher".

Eine 25-jährige iLove-Nutzerin erwähnte ebenfalls, dass man nie wisse, ob das Gegenüber alles nur vorgaukele oder wirklich so sei. Demzufolge meinte sie, sie *"bevorzuge trotzdem das reale Leben"*, allerdings sei chatten für sie lustig und unverbindlich:

"Man kann sich abends einfach hinsetzen und mit Leuten reden, die man nicht wieder sieht. Das ist sehr oberflächlich, aber manchmal ist mir so was lieber".

Online wurden also nicht nur positive Erfahrungen gesammelt, es entstanden leider auch oft Enttäuschungen durch Lügen oder nicht erfüllte Wunschbilder des Traumpartners. Doch darf an dieser Stelle nicht vernachlässigt werden, dass ein Online-Kennenlernen in gewisser Weise immer auch ein Kennenlernen im realen Leben widerspiegelt. Auch bei einem realen Kennenlernen muss selbstverständlich nicht immer die Wahrheit zur eigenen Person erzählt werden und Täuschungsversuche wie auch Enttäuschungen können auch dort erlebt werden.

Eine 29-jährige Befragte sah zudem ein Online-Kennenlernen einfacher als ein Kennenlernen im realen Leben, *"da man nicht sofort*

4. Empirische Untersuchung

den realen Kontakt zum anderen" habe. So kann auch das vorab Annähern und Abtasten online als positiv empfunden werden, da dort, wie schon unter 4.4.4 dargestellt, ein vorheriger Interessenabgleich stattfinden kann.

Ein weiterer 26-jähriger Befragter sah als positiven Aspekt eines Online-Kennenlernens, dass dort nicht so sehr auf das Aussehen, sondern vermehrt auf sog. innere Werte geachtet werde:

„Leute achten nicht so auf das Aussehen, sondern gehen im Internet mehr nach dem Charakter, was aber nicht heißen soll, dass ich jemand hässliches anreden würde, nur weil sie gut reden kann. Denn ich will mich ja auch mal mit ihr treffen. Und des wär denn peinlich in der Öffentlichkeit. Denn da merkt ja keiner, dass sie nett ist, da wird nur auf das Äußere geschaut! Und wer das abstreitet, ist für mich ein notorischer Lügner".

So widerlegt er jedoch auch gleich wieder seine These, dass online eher auf spezifische Charaktereigenschaften Wert gelegt wird. Dies wird zudem vor allem auch durch die Online-Singlebörsen deutlich. Gerade hier wird sehr stark auf die Präsentation der vorhandenen Fotos des jeweiligen Nutzers geachtet. Oft werden Personen nur aufgrund eines schönen Fotos angesprochen, spezielle Charaktereigenschaften werden erst im weiteren Verlauf relevant. Dies zeigten auch schon die Angaben vieler Nutzer, dass sie es positiv empfanden, schon vorab nicht nur nach Charaktereigenschaften, sondern auch nach physischen Erscheinungsmerkmalen zu sortieren. Man kann also sagen, dass nicht nur im realen Leben, sondern auch im Internet sehr viel Wert auf das äußere Erscheinungsbild gelegt wird. Selbstverständlich besteht auch im Medium Internet die Möglichkeit, Menschen erst einmal ohne diese physischen Merkmale kennenzulernen, beispielsweise anhand eines Gesprächs ohne vorherigen Fotoaustausch, jedoch ist dies bei der Partnersuche in Online-Singlebörsen eher zweitrangig.

Eine 25-jährige iLove-Nutzerin sah im Online-Kennenlernen zudem positiv, dass *„man auch Leute von weiter weg kennenlernen"* könne und *„nicht nur wie beim Ausgehen direkt vor Ort".*

Ein 29-jähriger NEU.DE-Nutzer gab an, dass im realen Leben seine Stimme *„oft als angenehm empfunden"* werde und dass das *„natürlich nicht online"* wirke. In dieser Hinsicht wurde oft, wie auch schon unter 4.4.5 erwähnt, angegeben, dass es nachteilig empfunden wurde, nicht sofort der realen Person gegenüber zu sitzen. So wur-

4. Empirische Untersuchung

de bei einem realen Treffen, durch das vorherige Aufbauen eines anderen Bildes von einem Menschen, oft auch Enttäuschung empfunden. Positive wie negative Eigenschaften bzw. Verhaltensweisen wurden oft erst bei einem realen Treffen oder, beispielsweise bei einer schöne Stimme, eventuell schon bei einem ersten Telefonat erlebt. Jedoch muss dies nicht immer als negativ angesehen werden, so können online vorab schon viele weitere Merkmale oder Interessen des Gegenübers herausgefunden werden, die bei einem Kennenlernen im realen Leben so nicht sofort übermittelt werden würden.

Ein 27-jähriger iLove-Nutzer gab an, für sich *"eigentlich keine wirklichen Vorteile (außer Zeitvertreib während der Arbeit)"* durch Online-Singlebörsen zu sehen, er betonte zudem:

"ich bin alles andere als kontaktscheu im realen Leben und wenn ich jemanden interessant finde, dann wird er oder sie angesprochen".

So zeigt sich hier, dass sich nicht jeder dem Online-Kennenlernen gegenüber aufgeschlossen gibt und in mancher Hinsicht ein Kennenlernen im realen Leben vorzieht. Jedoch wurde von vielen weiteren Nutzern angegeben, gerade online gewisse Hemmschwellen zu überwinden. So wurde speziell von eher schüchternen, zurückhaltenden Menschen ein Online-Kennenlernen oft als einfacher empfunden, wohingegen selbstbewusste kontaktfreudige Menschen entweder ein Offline-Kennenlernen vorzogen oder sich online wie offline bestens zurechtfanden.

4. Empirische Untersuchung

4.5 Übertragung der Online-Freundschaften ins reale soziale Leben

Im Zusammenhang mit dem Medium Internet als Kontakthersteller war für mich nun sehr interessant zu erfahren, ob die geknüpften Online-Kontakte auch wirklich ins reale Leben übertragen wurden. Hatten sich wirkliche Freundschaften, oder eventuell sogar richtige partnerschaftliche Beziehungen entwickelt, die auch Platz im realen sozialen Leben des jeweiligen Nutzers gefunden hatten? So berichteten die Nutzer über ihre persönlichen Erfahrungen mit der Online-Singlebörse. Hier stellte sich schnell heraus, dass alle befragten Personen entweder aktiv online Kontakt aufgenommen hatten oder von anderen Teilnehmern angesprochen wurden. 23 der 28 befragten Personen gaben an, sich bereits mit anderen Singlebörsen-Nutzern getroffen zu haben, lediglich 5 hatten noch kein reales Treffen gewagt. Es ist jedoch auffällig, dass die 5 Personen, die angaben noch keine persönliche Verabredung gehabt zu haben, lediglich in einer Zeitspanne von zwei Tagen bis einem Monat bei der Singlebörse angemeldet waren. So beantwortete beispielsweise ein seit erst 2 Tagen angemeldeter 29-jähriger die Frage, ob reale Freundschaften entstanden waren eher zuversichtlich:

„Noch nicht, ich bin aber überrascht, wer alles auf meine Visitenkarte guckt".

Selbstverständlich ist vor allem die kurze Anmeldezeit ausschlaggebend dafür, dass die 5 befragten Personen noch keine *Dates* im realen Leben hatten. So auch die Erfahrungswerte eines 25-jährigen:

„innerhalb von 2 Wochen hat sich noch nichts Weltbewegendes ergeben. Das wird wahrscheinlich noch eine Zeit lang dauern".

Ebenso zeigte sich auch eine 29-jährige Befragte eher zuversichtlich, was geplante Treffen im realen Leben betraf, jedoch betonte sie auch die Wichtigkeit einer grundlegenden Skepsis gegenüber den noch nicht bekannten Teilnehmern:

„Bisher hatte ich noch keine Dates, aber die sind in Arbeit. Nette Leute hab ich auf jeden Fall kennengelernt. Aber auf der anderen Seite sollte man sich etwas vorsichtig an die ganze Sache heranarbeiten und immer ein gewisses Maß an Skepsis haben, da sich, wie gesagt, u.a. auch ziemlich viel Irre dort rumtreiben".

4. Empirische Untersuchung

Lediglich eine befragte Person gab an, bereits seit 6 Monaten in der Singlebörse angemeldet zu sein, *„nette Kontakte"* geknüpft zu haben, jedoch hätten sich *„keine Freunde und keine Dates"* im realen Leben entwickelt. Dies stellte allerdings einen Ausnahmefall dar. Grundsätzlich zeigte sich, dass es eher wahrscheinlich war, dass die Nutzer Freundschaften im realen Leben suchten und diese somit von der Online- zur Offline-Welt übertragen wollten. Dies belegt auch die Aussage eines seit 4 Tagen angemeldeten 34-jährigen:

„Dates habe ich bisher noch keine ausgemacht, würde es aber machen. Chat-Bekanntschaften will und brauche ich nicht".

Es wird also zudem deutlich, dass reine Online-Freundschaften nicht das gewünschte Ziel darstellen, sondern durch das Medium Internet reale soziale Kontakte gesucht werden. So auch der Wunsch eines 27-jährigen Nutzers, sich mit anderen Teilnehmern zu treffen:

„Hab echt drei, vier nette Leute kennengelernt, mit denen man wirklich reden kann, ich werde sicher die ein oder andere Person treffen".

Doch die Weiterentwicklung der online geknüpften Freundschaften hin zu realen sozialen Netzwerken oder partnerschaftlichen Beziehungen zeigte sich auch nach Treffen im realen Leben nicht immer als einfach. So gaben 16 befragte Nutzer an, dass sich Freundschaften oder gar Beziehungen im realen sozialen Leben entwickelt hätten, 12 Nutzer hatten diese Erfahrung jedoch noch nicht gemacht. Hier ist auch wieder auffällig, dass diejenigen, die angaben noch keine Freundschaften geknüpft zu haben, zu der Kategorie Nutzer gehörten, die eher noch nicht so lange bei der jeweiligen Online-Singlebörse angemeldet war.

Ein 27-jähriger NEU.DE-Nutzer erwähnte zudem, dass *„der Sprung vom Mailen zum Treffen"* oft schwierig sei und nicht immer gelinge, *„weil einige eher schüchtern oder misstrauisch"* seien.

Zur Ernsthaftigkeit der Teilnehmer berichtete eine 23-jährige weibliche Befragte zudem, dass durch die Online-Singlebörse eine reale Freundschaft entstanden sei, jedoch nicht jeder Singlebörsen-Nutzer eine ernsthafte Beziehung suche:

„Einige Kontakte sind entstanden, jedoch die meisten die mich anschreiben, suchen nur ein Abenteuer".

Für eine Kontaktaufnahme ohne weitere Enttäuschungen ist es somit ratsam, gleich von Anfang an zu klären, woran das Gegenüber interessiert ist. So können falsche Erwartungshaltungen oft zu einem eher enttäuschten Rückzug führen. Beispielsweise berichtete eine seit einem Monat angemeldete 21-jährige sie habe *„bis jetzt nur Psychos kennengelernt"*. Selbstverständlich ist es nicht immer einfach, online wie auch im realen Leben, die passenden Partner oder Freundschaften mit gleichen Interessen zu finden. So können gerade im Internet auch Enttäuschungen entstehen, wenn die kontaktierten Kommunikationspartner bei einem realen Treffen doch nicht dem bereits gemachten Bild entsprechen. So berichtete eine 30-jährige weibliche Nutzerin:

„Es haben Dates statt gefunden...doch waren nicht so berauschend".

Eine 18-jährige berichtete ähnliches:

„ja, einige nette Kontakte, mit manchen geh ich auch ab und zu mal weg, aber niemand der mein Leben verändert hätte...es sind auch wirklich genügend Vollidioten auf solchen Singlebörsen unterwegs".

Ein 29-jähriger Singlebörsen-Nutzer beklagte zudem eine empfundene Oberflächlichkeit im Internet:

„Alles sehr oberflächlich, keine dauerhafte Beziehung möglich".

Im Hinblick auf Enttäuschungen bei Treffen im realen Leben erwähnte ein 26-jähriger zudem, dass er sich mit fast jedem, mit dem er online in Kontakt trete treffe, jedoch habe sich hier noch keine Freundschaft oder Beziehung zu einem Bekannten aus dem Netz entwickelt:

„Menschen sind real meistens anders als im Internet, weil man sich im Internet ja hinter seinem Rechner verstecken kann, im REAL-Leben ja nicht mehr, da muss man einen anschauen, wenn man mit ihm/ihr redet, man merkt wenn jemand lügt und so weiter".

Vielen ist jedoch die Übernahme von Online-Bekanntschaften ins reale soziale Freundschaftsnetzwerk gelungen. So konnte sich eine 29-jährige über ihre neu gefundene Beziehung freuen:

„hab den Sechser im Lotto gefunden und hoffe, dass es mit meinem Schatz nie aufhört, zur Zeit ist alles schön".

4. Empirische Untersuchung

Eine 25-jährige Nutzerin von iLove erwähnte zudem eine Übernahme freundschaftlicher Online-Kontakte ins reale soziale Netzwerk:

„nette Kontakte entstehen immer wieder mal, einige sind mittlerweile schon im richtigen Freundeskreis".

Ähnliche Erfahrungen hatte ein 27-jähriger Online-Singlebörsen-Nutzer gesammelt:

„Kontakte und Bekanntschaften sind entstanden. Auch Dates und eine Beziehung die aber leider zum scheitern verurteilt war. Aber das passiert ja bekanntlich auch im realen Leben".

Auch ein 24-jähriger NEU.DE-Nutzer berichtete, er habe seine Ex-Freundin über das Singleportal kennengelernt. Ein Kennenlernen über Online-Singlebörsen und ein anschließendes Verlieben im realen Leben ist offensichtlich möglich und wurde auch von weiteren Befragten berichtet. Es wurden größtenteils zuerst Freundschaften aufgebaut, die sich in einigen Fällen dann sogar zu einer partnerschaftlichen Beziehung entwickelten. So berichtete auch eine 22-jährige:

„Ich habe bisher zwei gute Freundschaften knüpfen können...eine war sogar eine Beziehung".

Auch ein 25-jähriger hatte nur positive Erfahrungen gesammelt:

„Also bis jetzt hab ich nur positive Erfahrungen gemacht, hatte auch schon eine Beziehung durch iLove gehabt und viele neue Freunde kennengelernt".

Eine Erweiterung des privaten sozialen Netzwerkes durch neue Kontakte über Online-Singlebörsen ist somit jedenfalls nicht mehr in Frage zu stellen. Ein 27-jähriger berichtete er habe *„von dauerhaften Freundschaften über kurze Affairen, einfach netten Chats mit Leuten in anderen Städten und 1000 Absagen"* schon alles erlebt. Eine 23-jährige weibliche Befragte konnte ebenfalls nur Positives berichten:

„Ich kann mich nicht beschweren. Die Personen die ich kennen gelernt habe waren/sind sehr nett und wir haben viel Spaß miteinander".

So wird auch nach einem Treffen im realen Leben der Kontakt zu den ehemaligen Online-Bekanntschaften, virtuell wie auch real, gehalten. Diese Erfahrung hatte auch ein 30-jähriger Singlebörsen-Nutzer gesammelt:

„Habe schon einige nette Leute kennengelernt, mit denen ich mich auch getroffen habe. Zu einigen ist auch heute noch der Kontakt da und man trifft sich ab und zu oder mailt kurz".

Ein 27-jähriger beklagte das Problem, meist zu weit von den neuen Online-Bekanntschaften entfernt zu leben, erwähnte jedoch, dass dies für ihn persönlich kein Problem darstelle, da er grundsätzlich viel herumkomme und da könne *„man sich dann schon mal sehen".* Zudem entwickle sich daraus meist *„eine nette Bekanntschaft".* Größtenteils wurden Kontakte jedoch im näheren Umfeld der Singleportal-Nutzer gesucht. So kann es auch vorkommen, dass zudem bereits bekannte Personen im Internet wiedergefunden werden, was beispielsweise eine 24-jährige iLove-Nutzerin berichten konnte:

„Nur nette Kontakte mit Berlinern und ich habe meinen Cousin durch Zufall gesehen und nun schreiben wir mehr als sonst über sms".

So zeigt sich hier, dass durch die Online-Singlebörsen nicht nur neue Kontakte geknüpft werden, sondern auch ein intensiveres Kontakthalten mit bereits bekannten Personen ermöglicht wird.

Zudem gab es auch weitere Online-Singlebörsen-Nutzer, die dort zwar keine partnerschaftliche Beziehung gefunden hatten, jedoch Online-Freundschaften kennengelernt und teilweise auch ins reale Leben integriert hatten. So auch ein 29-jähriger:

„Ja hatte schon reale Treffs und auch Freundschaften gefunden, eine Beziehung noch nicht".

Ein weiterer 29-jähriger berichtete ähnliches:

„Keine wirklichen Freunde, dafür aber nette Chat-Bekanntschaften und Dates im realen Leben, die teilweise zu Beziehungen geworden sind, die ich regelmäßig gesehen habe".

Ein 30-jähriger hatte eher oberflächlichere Bekanntschaften gemacht, wie *„Dates im realen Leben, Sex, nichts festes"* und ein 25-jähriger erwähnte er hätte *„einige Dates"* gehabt, zwei davon wären *„sehr nett"* gewesen, und zu diesen Bekanntschaften würde auch ein *„weiterer freundschaftlicher Kontakt"* bestehen.

4. Empirische Untersuchung

Es konnte also offensichtlich gezeigt werden, dass Online-Singlebörsen-Nutzer durchaus bereit sind, wirkliche Freundschaften oder gar partnerschaftliche Beziehungen im Internet zu suchen und diese auch in ihr reales soziales Leben zu integrieren. Ein Nutzer beklagte die Oberflächlichkeit des Online-Kennenlernens, andere erwähnten Enttäuschungen bei realen Treffen. Dies sind selbstverständlich erwähnenswerte negative Seiten der Kontaktaufnahme via Internet. Allerdings zeigte die Untersuchung, dass alle Befragten zumindest bereit waren, Online-Kontakte ins reale soziale Netzwerk einzubauen. Jedoch war die Weiterführung bzw. der Ausbau der Online-Freundschaften hin zu Freundschaften im Offline-Leben bzw. das Finden einer partnerschaftlichen Beziehung nicht immer ganz einfach. Nutzer mit längerer Online-Singlebörsen-Erfahrung hatten jedoch fast alle freundschaftliche Bekanntschaften ins reale soziale Leben eingebaut und teilweise sogar schon einmal einen Beziehungspartner über das Internet kennengelernt. Es ist hier also deutlich zu sehen, dass die im Internet gewonnenen sozialen Kontakte nicht in einer Online-Nebenwelt bestehen, sondern dass versucht wird, diese auch ins reale Leben zu übertragen. Selbstverständlich gibt es zudem immer auch Menschen, die diese Chance nicht ergreifen und sich eher hinter dem Medium Internet verstecken, sich so eine Schein- bzw. Nebenwelt aufbauen. Jedoch zeigte meine Untersuchung, dass der Großteil der Nutzer eher dazu tendiert, online geknüpften Kontakten auch einmal persönlich gegenübertreten zu wollen.

4. Empirische Untersuchung

4.6 Medienkompetenz als Grundvoraussetzung

Wie schon in Kapitel 3.1 erläutert, ist für Medienhandeln immer eine gewisse Medienkompetenz erforderlich. Wie diese auszusehen hat, wurde schon eingehend erörtert. Doch wie sieht es nun auf Seiten der Nutzer aus? Wie lässt sich ein medienkompetenter Umgang mit dem Internet nachweisen?

Zum einen zeigten die Nutzer, dass das Medium Internet ihren Alltag so stark durchdrungen hatte, dass viele Aktivitäten größtenteils online erledigt wurden. So hat das Internet bei einigen Nutzern nicht nur Verwendung im beruflichen Zusammenhang gefunden, sondern wurde auch für Informationen, Nachrichten, Recherchen, Einkäufe, Online-Auktionen, Spiele, Banking und Kontaktaufnahme via E-Mail, Chat, Foren, Messenger etc. genutzt. Ein Medium, das so stark ins Alltagsgeschehen des jeweiligen Nutzers eingebunden ist, erfordert selbstverständlich eine gewisse Medienkompetenz. Da alle der Befragten jedoch einen versierten Umgang mit dem Medium pflegten und angaben, das Internet somit in jeder Lebenslage zu nutzen, zeigt sich hier doch zumindest eine Medienkompetenz auf instrumentell-qualifika-torischer Ebene. Alle nutzten das Internet zur Informationssuche bis hin zur Kontaktaufnahme mit anderen, sodass ein Grundverstehen der Funktionsweise des Computers sowie ein sicheres Navigieren im Internet dafür essentiell erforderlich waren.

Das Internet hatte zwar einen großen Platz im Leben der Befragten eingenommen, jedoch sind Bedenken in Hinsicht von Internetsucht oder einem Verstecken hinter dem Medium Internet hier nicht erkenntlich. Beim genauen Betrachten des spezifischen Freizeitverhaltens des einzelnen Nutzers zeigte sich, dass die online verbrachte Zeit im Gegensatz zur offline verbrachten Freizeit sehr ausgewogen war. So hatte sich das Medium Internet zwar perfekt ins Leben der Nutzer eingebettet, übernahm jedoch keine zu tragende Rolle, sodass sonstige Aktivitäten wie Sport, reale soziale Kontakte oder sonstige Mediennutzung nicht vernachlässigt wurden. Der Zeitraum der täglichen Online-Nutzung bewegte sich, wie schon unter 4.2.2 erwähnt, zwischen einer Stunde und 24 Stunden pro Tag. Die Nutzer verbrachten im Durchschnitt ca. 5 Stunden täglich im Netz. Jedoch ist hier auch eine Online-Zeit für berufliche Zwecke miteinzurechnen. Die Beantwortung der Frage, *würde Dir ohne das Internet etwas fehlen?* zeigte zudem, dass das Internet mittlerweile so sehr akzeptiert wurde, dass es für viele nicht mehr wegzudenken war.

4. Empirische Untersuchung

Da jedoch auch gezeigt werden konnte, dass viele der online geknüpften Freundschaften Bezugspunkte im realen Leben der Befragten gefunden hatten, sieht man hier sehr schön, dass der Wechsel zwischen virtueller und realer Welt ohne weitere Hürden gemeistert wurde. Medienkompetentes Verhalten konnte hier also durch versierten Umgang mit dem Medium und durch Realisation der beiderseitigen Existenz von realer und virtueller Welt festgemacht werden. Die Nutzer versteckten sich nicht hinter einer virtuellen Phantasiewelt, sondern nutzten die zusätzlichen Kommunikationsmöglichkeiten, die mittlerweile in ihrem alltäglichen Handeln einen nicht mehr hinterfragten Platz eingenommen hatten. Online Freundschaften wurden auch ins reale soziale Netzwerk miteingebunden, das Internet wurde als Erweiterung der bereits bestehenden sozialen Handlungsmöglichkeiten, als Informations- und Kommunikationsmedium genutzt.

Es zeigte sich also, dass die Nutzer alle einen medienkompetenten Umgang mit dem Medium Internet pflegten. Offline- und Online-Welt wurden als solche betrachtet und der Wechsel zwischen beiden verlief bewusst und ohne Probleme.

5. Ausblick

Singleportale stellen eine attraktive Möglichkeit dar, neue Bekanntschaften über moderne Netzwerke zu schließen. Jedoch sollte, um gegenseitige Enttäuschungen zu vermeiden, von Anfang an klargestellt werden, was vom jeweiligen Kommunikationsteilnehmer gesucht wird. So zeigt beispielsweise „eine Umfrage einer kommerziellen Dating-Plattform in den USA", „dass etwa 70 Prozent der Frauen im Internet einen Partner für eine feste Beziehung oder eine Ehe suchen, nur etwa 30 Prozent suchen einen One-Night-Stand oder eine Affäre. Bei den Männern ist es genau umgekehrt: 70 Prozent wollen Spaß, unkompliziert und ohne Verpflichtung, und gerade mal 30 Prozent steht der Sinn nach einer dauerhaften Bindung" (Hegmann, 2003, S. 37).

Selbstverständlich lassen sich jedoch auch bei Online-Singlebörsen Gleichgesinnte finden, die letztendlich ähnliche Interessen verfolgen. So zeigte auch gerade die Befragung der 28 Singlebörsen-Nutzer, dass Freundschaften und teilweise sogar partnerschaftliche Beziehungen ins reale Leben der Nutzer übernommen wurden. Man kann also sagen, dass Online-Singlebörsen eine gute Erweiterung des Kennenlernspielraums im Offline-Leben darstellen. Online geknüpfte Freundschaften können sich ebenso gut im realen sozialen Leben einbetten. Zudem ist erwähnenswert, dass gerade online, in den jeweiligen Singlebörsen, nach spezifischen Charaktereigenschaften und Interessen gesucht werden kann, welche für eine gemeinsame Freizeitgestaltung eventuell wichtig sein könnten.

Es zeigte sich zudem auch, dass speziell Nutzer, die längere Online-Erfahrung hatten bzw. Nutzer die täglich mehr Zeit im Internet verbrachten, einem Online-Kennenlernen gegenüber aufgeschlossener waren. So hatten Vielnutzer öfter freundschaftliche Kontakte aus dem Internet ins reale soziale Leben übertragen oder auch schon einmal eine partnerschaftliche Beziehung gefunden.

Außerdem zeigte sich, dass sich das Internet bei den meisten befragten Nutzern so tief in das alltägliche Leben eingebettet hatte, dass es von vielen nicht mehr wegzudenken war. So gab der größte Teil der Nutzer an, sich ein Leben ohne das Internet nicht mehr vorstellen zu können. Außerdem wurden viele Tätigkeiten wie Einkäufe, Informationssuche, Bankgeschäfte oder auch Kontaktaufnahme zu anderen Menschen vorwiegend über das Internet getätigt.

5. Ausblick

Dennoch hatte das Medium Internet keinen zu großen Platz im Leben der Befragten eingenommen, sodass weder herkömmliche Medien noch reale soziale Kontakte oder auch sportliche Aktivitäten verdrängt worden wären. Der Vergleich der online und offline verbrachten Freizeit zeigte gerade, dass hier ein sehr ausgeglichenes Verhältnis herrschte.

Welche weiteren Vorteile kann man über das Kommunikationsmedium Internet noch erkennen? Zum einen lässt sich, wie gezeigt wurde, ein bereits bestehender Freundeskreis durch die Suche nach Personen mit spezifischen Interessen einfach erweitern. So kann vorerst eine Online-Freundschaft begonnen werden, die bei beiderseitigem Interesse dann im realen sozialen Leben beider Kommunikationspartner weitergeführt bzw. aufgebaut werden kann. Zudem ist es möglich, vom heimischen Computer gezielt nach Wunsch-Partnern zu suchen. Nicht gewollte Charaktereigenschaften, Einstellungen oder Hobbys können so von vornherein ausgeschlossen werden. Ein weiterer großer Vorteil bietet das Internet als Kontakthersteller beispielsweise bei einem Umzug in eine neue Stadt, in der noch keine Bezugspersonen vorhanden sind. Hier lässt sich online schnell und unkompliziert nach neuen Freundschaften suchen, die den Einstieg in das *neue Leben* enorm erleichtern können. Dadurch ist die Suche auch schon gezielt vom alten Wohnort aus möglich, was vor einigen Jahren noch undenkbar gewesen wäre. So mussten solche Kontakte früher erst mühsam beispielsweise über die Partizipation in Sportvereinen oder ähnlichen Einrichtungen gesucht werden. Das Internet bietet hier jedoch eine Fülle an Kontaktsuchenden, die in speziellen Foren, Chat-Räumen oder Single-Börsen zusammengeführt werden.

Vor allem auch Berufstätige mit nur wenig Freizeit können, ohne das Haus zu verlassen, neue Kontakte knüpfen. So muss nicht jeder Abend in einer *Kneipe* verbracht werden, nur um andere Menschen kennenzulernen. Dies ist mittlerweile auch bequem von zu Hause aus möglich. Hier ergibt sich zudem die Chance, für eher schüchterne und zurückhaltende Menschen, auf andere zuzugehen. Gerade durch die Anonymität oder auch durch die räumliche Distanz werden Hemmschwellen gesenkt und selbst der Schüchternste traut sich, eine ungezwungene Unterhaltung mit Fremden zu beginnen. Auch Ben-Ze'ev (2004) betont immer wieder, dass es durchaus einfacher sein kann, Partner online als im realen Alltagsleben kennenzulernen, zudem biete Online-Kommunikation gewisse Vorteile gegenüber direkter Face-to-Face-Kommunikation.

5. Ausblick

"However, in online relationships, people also have the choice of postponing their reaction, in order to allow time to moderate their response" (Ben-Ze'ev, 2004, S. 28).

Selbstverständlich bietet ein gewisser Zeitrahmen Vorteile, um spezifische Antworten zu überdenken, ohne diese spontan in einer Face-to-Face-Kommunikation äußern zu müssen. Jedoch ist es nicht nur der Zeitfaktor, welcher der Online-Kommunikation Vorteile einräumt, sondern auch die Distanz durch das Medium selbst. So fallen hier Liebesgeständnisse oder auch gegenteilige Antworten leichter als in einer direkten Kommunikation im realen Leben. Auch die befragten Singlebörsen-Nutzer berichteten immer wieder von einer geringeren Hemmschwelle, online auf andere zuzugehen. Zudem wurde von vielen erwähnt, online einen *Korb* besser ertragen zu können oder es auch einfacher zu empfinden, online eine Absage zu erteilen.

Online können jedoch nicht nur Kontakte aus dem näheren Umfeld geknüpft werden, das Internet bietet zudem auch die Möglichkeit grenzüberschreitender Kontakte. Online-Bekanntschaften aus dem Ausland sind hier meist keine Seltenheit. Man kann so seinen Horizont erweitern, Gespräche mit Menschen anderer Länder führen und dies oft sogar in der jeweiligen Fremdsprache. Auch das weitere In-Kontakt-Bleiben mit Freunden, die vorübergehend oder für immer ins Ausland gehen, stellt durch das Kommunikationsmedium Internet kein Problem mehr dar. Greis (2002) beschreibt dies als Sprengung herkömmlicher Dimensionen und Grenzen, da der Mensch durch das Internet fähig ist, räumliche, zeitliche, körperliche und sprachliche Restriktionen zu überwinden. Ebenso betont auch Schipanski (1997) in diesem Zusammenhang die Auflösung der Raumbindung und die Verkürzung der Zeit des Informationsflusses. So wurde auch von den befragten Singlebörsen-Nutzern immer wieder erwähnt, über das Internet Kontakt zu weiter entfernt lebenden Personen zu halten.

Kritisch zu sehen sind Online-Kontakte, wenn der Kontaktsuchende es nicht schafft, Online-Freundschaften auf das reale Leben auszuweiten. Es besteht hier die Gefahr, sich in einer virtuellen Welt zu verschanzen und sich gänzlich aus dem realen Leben zurückzuziehen. Jedoch zeigte gerade auch meine Befragung, dass die Nutzer alle einen eher medienkompetenten Umgang pflegten und der Übergang von virtueller zu realer Welt kein Hindernis darstellte. Online Freundschaften wurden hier eher zur Erweiterung des realen so-

5. Ausblick

zialen Freundschaftsnetzwerkes genutzt, als sich hinter einer Online-Identität zu verstecken.

Um die anfängliche Frage nun erneut aufzugreifen, *kann man ein Online-Kennenlernen auf gleiche Ebene mit einem Kennenlernen in der realen Welt stellen,* konnte gezeigt werden, dass der größte Teil der Befragten Online-Bekanntschaften in ihr reales soziales Umfeld miteingebracht hatten. Die meisten der befragten Nutzer waren sich zudem einig, dass es durchaus einfacher sein kann, Menschen online kennenzulernen. Hier wurde zumeist der Abbau von Hemmschwellen durch die Distanz des Mediums Internet als positiv erwähnt, was eher dazu führte, dass sich die Online-Singlebörsen-Nutzer trauten, auf andere zuzugehen. Ein Kennenlernen online kann, dies hat meine Untersuchung auf jeden Fall gezeigt, gleichberechtigt zu einem Offline-Kennenlernen gesehen werden. Es wurde immer wieder von einem schnelleren und einfacheren Kennenlernen berichtet. Zudem wurden viele dieser Online-Freundschaften auch ins reale soziale Netzwerk übertragen und teilweise entstanden sogar partnerschaftliche Beziehungen. Selbstverständlich gab es natürlich auch negative Berichte und Menschen, die dem Medium Internet vorerst eher skeptisch gegenüberstanden und immer wieder über eine gewisse Oberflächlichkeit und eine große Anonymität, verbunden mit der Angst angelogen zu werden, berichteten. Doch beispielsweise zeigte gerade auch eine 29-jährige Befragte, die dem Medium Internet und im Speziellen den Online-Singlebörsen eher skeptisch gegenüberstand, dass dies nicht so bleiben muss:

„noch vor drei Monaten habe ich mich über so was lustig gemacht, hab aber vor zwei Monaten auf so eine Art einen tollen Mann kennengelernt und seit zwei Monaten bin ich so richtig glücklich, jetzt lache ich nicht mehr über Internetbekanntschaften".

Täglich verzeichnen Online-Singlebörsen einen regen Zuwachs an Teilnehmern. Auch Chat-Räume, Online-Foren und die Benutzung diverser Messenger erfreuen sich immer größerer Beliebtheit. Es ist anzunehmen, dass dieser Trend weiterhin wächst. Nicht nur im privaten Bereich, auch im beruflichen Umfeld werden immer mehr Aktivitäten online verlegt. So werden in den meisten Firmen Bewerbungen größtenteils nur noch online angenommen, Online-Besprechungen und Meetings via Windows NetMeeting gewinnen zusätzlich an Attraktivität. Die Computerisierung und die immer breitere Vernetzung zeigt sich deswegen nicht nur im beruflichen Umfeld, sondern greift immer mehr auch auf das Privatleben zurück. Meiner Ansicht nach werden immer mehr Menschen auch den

5. Ausblick

Schritt der Online-Kontaktaufnahme wagen. Single-Portale sowie Freundschaftsnetzwerke werden in den nächsten Jahren aller Wahrscheinlichkeit immer größeren Zulauf erhalten. In diesem Sinne kann ich mich Ben-Ze'ev (2004) nur anschließen:

„It is highly likely that in the future the use of mobile texting and online communication for romantic purposes will be significantly greater" (Ben-Ze'ev, 2004, S. 16).

6. Literatur- und Internetquellenverzeichnis

- Adis, Susanne & Reinhart, Joachim (1996). Zwischen Trend und Science-fiction – Telekommunikation im nächsten Jahrtausend. In Schäfer, Gabriele; Stengel, Martin (Hrsg.), Vollgas auf der Datenautobahn? Perspektiven digitaler Telekommunikation (S. 32-50). München und Landsberg am Lech: Günter Olzog Verlag

- Baacke, Dieter (1997).Grundlagen der Medienkommunikation. Medienpädagogik. Tübingen: Niemeyer Verlag

- Baumann, Thomas (2001). Medienpädagogik und Internet (Diss.). Zürich: Philosophische Fakultät Universität Zürich

- Beck, Klaus; Glotz, Peter; Vogelsang, Gregor (2000). Die Zukunft des Internet. Internationale Delphi-Befragung zur Entwicklung der Online-Kommunikation. (Hrsg. Hömberg, Walter; Pürer, Heinz; Saxer, Ulrich). Konstanz: UVK Medien

- Ben-Ze've, Aaron (2004). Love Online. Emotions on the Internet. Cambridge: Cambridge University Press

- Brehm-Klotz, Christiane (1997) Computer. In Hüter, Jürgen; Schorb, Bernd; Brehm-Klotz, Christiane (Hrsg.), Grundbegriffe der Medienpädagogik (S. 62-68). München: KoPäd Verlag

- Bühl, Achim (2000). Die Virtuelle Gesellschaft des 21. Jahrhunderts. Sozialer Wandel im Digitalen Zeitalter. Wiesbaden: Westdeutscher Verlag

- Buunk, Bram P. (1996). Affiliation, zwischenmenschliche Anziehung und enge Beziehungen. In Stroebe, Hewstone, Stephenson (Hrsg.), Sozialpsychologie. Eine Einführung (S. 363-394). Berlin, Heidelberg, New-York: Springer-Verlag

- Castells, Manuel (2005). Die Internet-Galaxie. Internet, Wirtschaft und Gesellschaft. VS Verlag für Sozialwissenschaften

- Debatin, Bernhard (1998). Analyse einer öffentlichen Gruppenkonversation im Chat-Room. Referenzformen, kommunika-

6. Literatur- und Internetquellenverzeichnis

tionspraktische Regularitäten und soziale Strukturen in einem kontextarmen Medium. In Prommer, Elizabeth; Vowe, Gerhard (Hrsg.), Computervermittelte Kommunikation: Öffentlichkeit im Wandel (S. 13-37). Konstanz: UVK Medien

- Döring, Nicola (2000). Romantische Beziehungen im Netz. In Thimm, Caja (Hrsg.), Soziales im Netz. Sprache, Beziehungen und Kommunikationskulturen im Internet (S. 40-70). Wiesbaden: Westdeutscher Verlag

- Döring, Nicola & Schestag, Alexander (2003). Soziale Normen in virtuellen Gruppen. Eine empirische Analyse ausgewählter Chat-Channels. In Thiedeke, Udo (Hrsg.), Virtuelle Gruppen. Charakteristika und Problemdimensionen (S. 305-347). Wiesbaden: Westdeutscher Verlag

- Früh, Doris (2000). Die soziale Welt per Internet: Online-Einblicke in die Alltagstheorien von „Zweitfrauen". Aachen: Shaker Verlag

- Gallery, Heike (2000). „bin ich-klick ich" – Variable Anonymität im Chat. In Thimm, Caja (Hrsg.), Soziales im Netz. Sprache, Beziehungen und Kommunikationskulturen im Internet (S. 71-108). Wiesbaden: Westdeutscher Verlag

- Greis, Andreas (2002). Strukturhermeneutik: Strukturanalyse als Weg zu einer Ethik des Internet. In Capurro, Rafael; Hausmanninger, Thomas (Hrsg.), Netzethik. Grundlegungsfragen der Internetethik (S.123-140). München: Wilhelm Fink Verlag

- Hamman, Robin (2003). Computernetze als verbindendes Element von Gemeinschaftsnetzen. Studie über die Wirkungen der Nutzung von Computernetzen auf bestehende soziale Gemeinschaften. In Thiedeke, Udo (Hrsg.), Virtuelle Gruppen. Charakteristika und Problemdimensionen (S. 213-235). Wiesbaden: Westdeutscher Verlag

- Haug, Nikola & Reinhart, Joachim (1996). Von den Fackeln der Antike zu den Bits und Bytes der Informationsgesellschaft: Telekommunikation als Koevolution von Technik und Gesellschaft. In Schäfer, Gabriele; Stengel, Martin (Hrsg.), Vollgas auf der Datenautobahn? Perspektiven digitaler Telekommunikation (S. 9-31). München und Landsberg am Lech: Günter Olzog Verlag

- Heesen, Jessica (2002). Kontextueller Liberalismus: Individuelle Freiheitsrechte als Grundlage einer Ethik des Internet. In Capurro, Rafael; Hausmanninger, Thomas (Hrsg.), Netzethik. Grundlegungsfragen der Internetethik (S.163-177). München: Wilhelm Fink Verlag

- Hegmann, Eric (2003). Online-Dating. So finden Sie Ihren Traumpartner. München: Wilhelm Goldmann Verlag

- Heintz, Bettina (2003). Gemeinschaft ohne Nähe? Virtuelle Gruppen und reale Netze. In Thiedeke, Udo (Hrsg.), Virtuelle Gruppen. Charakteristika und Problemdimensionen (S. 180-210).Wiesbaden: Westdeutscher Verlag

- Höflich, Joachim R. (1998). Computerrahmen und die undifferenzierte Wirkungsfrage oder: warum erst einmal geklärt werden muß, was die Menschen mit dem Computer machen. In Rössler, Patrick (Hrsg.), Online-Kommunikation. Beiträge zu Nutzung und Wirkung (S. 47-64). Opladen/Wiesbaden: Westdeutscher Verlag

- Kafi, Bijan (2000). Online. Ausblicke in die Medienzukunft. Stuttgart: Verlag Freies Geistesleben

- Klemm, Michael & Graner, Lutz (2000). Chatten vor dem Bildschirm: Nutzerkommunikation als Fenster zur alltäglichen Computerkultur. In Thimm, Caja (Hrsg.), Soziales im Netz. Sprache, Beziehungen und Kommunikationskulturen im Internet (S. 156-179). Wiesbaden: Westdeutscher Verlag

- Krotz, Friedrich (1998). Digitalisierte Medienkommunikation: Veränderungen interpersonaler und öffentlicher Kommunikation. In Neverla, Irene (Hrsg.), Das Netz-Medium. Kommunikationswissenschaftliche Aspekte eines Mediums in Entwicklung (S.113-136). Opladen/Wiesbaden: Westdeutscher Verlag

- Moser, Heinz (2000). Einführung in die Medienpädagogik. Aufwachsen im Medienzeitalter. Opladen: Leske + Budrich

6. Literatur- und Internetquellenverzeichnis

- Mühlenfeld, Hans-Ullrich (2004). Der Mensch in der Online-Kommunikation. Zum Einfluss webbasierter, audiovisueller Fernkommunikation auf das Verhalten von Befragten. Wiesbaden: Deutscher Universitäts-Verlag

- Neverla, Irene (1998). Geschlechterordnung in der virtuellen Realität: Über Herrschaft, Identität und Körper im Netz. In Neverla, Irene (Hrsg.), Das Netz-Medium. Kommunikationswissenschaftliche Aspekte eines Mediums in Entwicklung (S.137-151). Opladen/Wiesbaden: Westdeutscher Verlag

- Preece, Jenny (2000). Online Communities: designing usability, supporting sociability. Chichester: Wiley & Sons

- Rastetter, Daniela (1996). Die Frau im Netz. Chancen und Risiken der Telekommunikation für die Frau. In Schäfer, Gabriele; Stengel, Martin (Hrsg.), Vollgas auf der Datenautobahn? Perspektiven digitaler Telekommunikation (S. 63-83). München und Landsberg am Lech: Günter Olzog Verlag

- Rheingold, Howard (2000). The virtual community. Homesteading on the electronic frontier. Cambridge, Massachusetts: The MIT Press

- Rössler, Patrick (1998). Wirkungsmodelle: die digitale Herausforderung. Überlegungen zu einer Inventur bestehender Erklärungsansätze der Medienwirkungsforschung. In Rössler, Patrick (Hrsg.), Online-Kommunikation. Beiträge zu Nutzung und Wirkung (S.17-46). Opladen/Wiesbaden: Westdeutscher Verlag

- Schipanski, Dagmar (1997). Virtuelle Umgebung – Anwendungsorientierung und Nutzungsmöglichkeiten. In Encarnação, Pöppel, Schipanski et al., Wirklichkeit versus Virtuelle Realität. Strategische Optionen, Chancen und Diffusionspotentiale (S. 71-81). Baden-Baden: Nomos Verlagsgesellschaft

- Schmidt, Gurly (2000). Chat-Kommunikation im Internet – eine kommunikative Gattung?. In Thimm, Caja (Hrsg.), Soziales im Netz. Sprache, Beziehungen und Kommunikationskulturen im Internet (S. 109-130). Wiesbaden: Westdeutscher Verlag

6. Literatur- und Internetquellenverzeichnis

- Schorb, Bernd (1997). Sozialisation. In Hüter, Jürgen; Schorb, Bernd; Brehm-Klotz, Christiane (Hrsg.), Grundbegriffe der Medienpädagogik (S. 335-341). München: KoPäd Verlag

- Schröter, Jens (2004). Das Netz und die virtuelle Realität. Zur Selbstprogrammierung der Gesellschaft durch die universelle Maschine. Bielefeld: tanscript Verlag

- Stegbauer, Christian (2001). Grenzen virtueller Gemeinschaft. Strukturen internetbasierter Kommunikationsforen. Wiesbaden: Westdeutscher Verlag

- Stengel, Martin (1996). Siegt der Schein endgültig über das Sein? Sozialisation im Zeitalter digitaler Telekommunikation. In Schäfer, Gabriele; Stengel, Martin (Hrsg.), Vollgas auf der Datenautobahn? Perspektiven digitaler Telekommunikation (S.147-169). München und Landsberg am Lech: Günter Olzog Verlag

- Stengel, Martin (2002). Psychologie der Virtualisierung (Skript). Augsburg: Philosophisch-Sozialwissenschaftliche Fakultät, Universität Augsburg

- Thiedeke, Udo (2003).Virtuelle Gruppen. Begriff und Charakteristik. In Thiedeke, Udo (Hrsg.), Virtuelle Gruppen. Charakteristika und Problemdimensionen (S. 23-67). Wiesbaden: Westdeutscher Verlag

- Utz, Sonja (1999). Soziale Identifikation mit virtuellen Gemeinschaften – Bedingungen und Konsequenzen. Lengerich: Pabst Science Publishers

- Van den Boom, Holger (1995). Digitaler Schein – oder: Der Wirklichkeitsverlust ist kein wirklicher Verlust. In Protokolldienst 4/95, Virtuelle Realität – Der entfesselte Blick? Tagung für Informatikerinnen und Informatiker, Medienpädagoginnen und Medienpädagogen, Theologinnen und Theologen sowie Interessierte vom 2. bis 4. September 1994 in Darmstadt und Falkenstein/Taunus / (S. 3-23). Evangelische Akademie Bad Boll

- Vollbrecht, Ralf (2001). Einführung in die Medienpädagogik. Weinheim und Basel: Beltz Verlag

6. Literatur- und Internetquellenverzeichnis

- Wehr, Hendric (2000). Flirten online. Köln: vgs Verlagsgesellschaft

- Wiemann, John M. & Giles, Howard (1996). Interpersonale Kommunikation. In Stroebe, Hewstone, Stephenson (Hrsg.), Sozialpsychologie. Eine Einführung (S. 331-362). Berlin, Heidelberg, New-York: Springer-Verlag

- Wurzer, Jörg (1997). Realität und virtuelle Welten. Philosophie für eine High-Tech-Gesellschaft. Essen: Verlag die Blaue Eule

Internetquellen:

- http://da.co.la.ca.us/images/emoticons.gif (31.3.2005)

- http://de.messenger.yahoo.com/ (27.2.2005)

- http://messenger.msn.de/?DI=108&xAPID=4131??PS=70635&NC=10009&CE=12&CP=1252&HL=Messenger (27.2.2005)

- http://www.anvari.org/db/cols/Online_Smiley_Faces_and_Emoticons/Yahoo_Messenger_Smilies.jpg (31.3.2005)

- http://www.aol.de/index.jsp?sg=AIM (21.2.2005)

- http://www.at-mix.de/e_mail.htm (9.6.2005)

- http://www.bullhost.de/i/imode.html (1.3.2005)

- http://www.computer-woerterbuch.de (21.2.2005 & 12.6.2005)

- http://www.cynobia.de/images/presse/cynobia/horizont.gif (1.3.2005)

- http://www.cynobia.de/images/presse/cynobia/online_singles_28022003.jpg (1.3.2005)

- http://www.cynobia.de/images/presse/cynobia/zeit_100205_2.gif (1.3.2005)

6. Literatur- und Internetquellenverzeichnis

- http://www.galileodesign.de/glossar/gp/anzeige-8008/FirstLetter-L (1.3.2005)

- http://www.icq.de/ (21.2.2005)

- http://www.ilove.de (25.2.2005-23.6.2005)

- http://www.ilove.de/dtf/press/facts.do (23.2.2005)

- http://www.ilove.de/dtf/press/infos.do (21.2.2005)

- http://www.ilove.de/dtf/press/infos.do?see=art01 (21.2.2005)

- http://www.ilove.de/dtf/press/infos.do?see=art04 (21.2.2005)

- http://www.ilove.de/dtf/press/infos.do?see=art05 (21.2.3005)

- http://www.internet-woerterbuch.de (23.2.2005)

- http://www.netschool.de/wir/wissen/lex/j.htm (1.3.2005)

- http://www.neu.de (26.2.2005-23.6.2005)

- http://www.photoscala.de/node/view/190 (27.2.2005)

- http://www.skype.com (28.4.2005)

- http://www.symweb.de/glossar/instant-messaging---im_260.htm (27.2.2005)

- http://www.symweb.de/glossar/nickname_225.htm (27.2.2005)

- http://www.trillian-messenger.de/index.php (27.2.2005)

- http://www.zasterbox.de/bonitaet/Chat-cms_622.html (1.3.2005)

- http://www.zasterbox.de/bonitaet/WAP-cms_532.html (1.3.2005)

7. Anhang

FRAGEBOGEN <<>> Online-Singlebörse

➢ **Alter:** _____

➢ **Geschlecht:** m___ w___

➢ **Höchster erreichter Schulabschluss:**
(bitte das Zutreffende mit einem X kennzeichnen)

___ Hauptschulabschluss
___ Realschulabschluss
___ Abitur
___ Berufsausbildung
___ Abgeschlossenes Studium
___ Sonstiges:_____

➢ **Freizeitaktivitäten:**
(trage hier bitte jeweils ein, wie oft Du welche Freizeitaktivitäten betreibst, Nichtzutreffendes bitte einfach frei lassen und Fehlendes bitte bei „sonstiges" angeben)

Freizeitaktivitäten	**wie oft pro Woche**
➢ Sport:	_____
➢ PC/Internet:	_____
➢ Fernsehen:	_____
➢ Freunde treffen:	_____
➢ Disco, Kneipen, Cafés, Clubs:	_____
➢ Kino:	_____
➢ Sonstiges:_____	_____

7. Anhang

➢ **wie lang bist Du täglich online aktiv?**_____

➢ **für was nutzt Du das Internet?**
(kennzeichne das Entsprechende bitte mit einem X)

    ___ Informationen/Recherche/Nachrichten
    ___ Einkäufe
    ___ Online-Auktionen
    ___ Spiele
    ___ Banking
    ___ E-Mail
    ___ Chat/Foren/Kontakte knüpfen
    ___ Sonstiges:_____

➢ **zur Nutzung von www.neu.de /www.ilove.de:**
(erläutere hier bitte zu jeder Frage Deine Erfahrungen mit der Online-Singlebörse)

1) Bist Du Single (wenn ja, wie lange schon) :

2) Wie bist Du auf die Seite aufmerksam geworden:

3) Wie lange bist Du dort schon angemeldet?:

4) Warum hast Du Dich dort angemeldet/was versprichst Du Dir davon?:

5) Nutzt Du auch andere Online-Singlebörsen? Wenn ja welche:

7. Anhang

6) Nutzt Du weitere Möglichkeiten online Menschen kennen zu lernen? Wenn ja welche:

7) Sind die Möglichkeiten wie Chat, Foren, etc. Deiner Meinung nach besser/schlechter als Single-Portale um Menschen kennen zu lernen? (begründe Deine Aussage bitte):

8) Wie oft bist Du auf dieser Seite aktiv?:

9) In welcher Form bist Du aktiv (was tust Du genau)?:

10) Der Service kostet für männliche Teilnehmer 19,00 €/19,99 € pro Monat. Findest Du diese Kosten angebracht oder zu teuer?:

11) Schildere kurz Deine Erfahrungen (sind nette Kontakte entstanden, nette Chat-Bekanntschaften, neue Freunde, auch Dates im realen Leben,...?):

12) Wenn ja, wie wurden neue Bekanntschaften geknüpft (z.B. hast Du aktiv Leute kontaktiert oder wurdest Du angesprochen)?:

13) Sind diese Kontakte zu richtigen Freundschaften/Beziehungen geworden, die Du regelmäßig (nicht nur online) siehst?:

14) Ist es Deiner Meinung nach einfacher Menschen im Internet als im realen Leben kennen zu lernen?:

7. Anhang

15) Wie beurteilst Du die Singlebörse im Gegensatz zum Kennenlernen im realen Leben (welche Vor- und Nachteile siehst Du?)?:

16) Denkst Du, Dir würde ohne das Internet etwas fehlen? Wenn ja beschreibe bitte was:

www.ingramcontent.com/pod-product-compliance
Lightning Source LLC
Chambersburg PA
CBHW020902020526
44112CB00052B/1191